Alessandra Lemos Fernandes

Jornalismo:
especialização e segmentação

EDITORA
intersaberes

O selo DIALÓGICA da Editora InterSaberes faz referência às publicações que privilegiam uma linguagem na qual o autor dialoga com o leitor por meio de recursos textuais e visuais, o que torna o conteúdo muito mais dinâmico. São livros que criam um ambiente de interação com o leitor – seu universo cultural, social e de elaboração de conhecimentos –, possibilitando um real processo de interlocução para que a comunicação se efetive.

EDITORA intersaberes

Rua Clara Vendramin, 58 . Mossunguê
CEP 81200-170 . Curitiba . PR . Brasil
Fone: (41) 2106-4170
www.intersaberes.com
editora@editoraintersaberes.com.br

Conselho editorial
Dr. Ivo José Both (presidente)
Drª Elena Godoy
Dr. Nelson Luís Dias
Dr. Neri dos Santos
Dr. Ulf Gregor Baranow

Editor-chefe
Lindsay Azambuja

Editor-assistente
Ariadne Nunes Wenger

Preparação de originais
LEE Consultoria

Capa e projeto gráfico
Charles L. da Silva

Diagramação
Regiane Rosa

Iconografia
Célia Kikue Suzuki

Dados Internacionais de Catalogação na Publicação (CIP)
(Câmara Brasileira do Livro, SP, Brasil)

> Fernandes, Alessandra Lemos
> Jornalismo: especialização e segmentação/Alessandra Lemos Fernandes. Curitiba: InterSaberes, 2017. (Série Excelência em Jornalismo).
>
> Bibliografia.
> ISBN 978-85-5972-506-3
>
> 1. Jornalismo I. Título II. Série.
>
> 17-07096   CDD-070

Índices para catálogo sistemático:
1. Jornalismo 070

1ª edição, 2017.

Foi feito o depósito legal.

Informamos que é de inteira responsabilidade da autora a emissão de conceitos.

Nenhuma parte desta publicação poderá ser reproduzida por qualquer meio ou forma sem a prévia autorização da Editora InterSaberes.

A violação dos direitos autorais é crime estabelecido na Lei n. 9.610/1998 e punido pelo art. 184 do Código Penal.

Sumário

7   *Prefácio*
11 *Apresentação*
14 *Como aproveitar ao máximo este livro*

Capítulo 01
19 Especialização e segmentação
21 O que é jornalismo especializado?
27 O público em foco: segmentação
31 Concorrência entre os meios (jornalismo e mercado)
36 Jornalismo e interesse do público: individualismo

Capítulo 02
44 Tipos de segmentação
46 Segmentação geográfica
52 Segmentação por renda ou ocupação
57 Segmentação por gênero
63 Segmentação ideológica

Capítulo 03
81 Principais temas de especialização
- 85   Jornalismo político
- 89   Jornalismo econômico
- 96   Jornalismo esportivo
- 103 Jornalismo ambiental
- 112 Jornalismo cultural
- 121 Jornalismo de *games*
- 128 Jornalismo empresarial ou institucional

Capítulo 04
146 Oportunidades na segmentação dos veículos
- 148 Formação profissional
- 151 Revista
- 157 TV e mídia audiovisual
- 160 Rádio
- 162 *Web*: segmentação e personalização
- 166 Empreendedorismo na especialização jornalística

- 179 *Para concluir...*
- 181 *Glossário*
- 183 *Referências*
- 189 *Respostas*
- 192 *Sobre a autora*

Dedico este livro à minha família, a principal apoiadora da minha carreira como jornalista e professora universitária: Heber Fernandes, meu esposo; Lucas e Gabriela, meus amados filhos; Maria Helena, minha mãe; e João Custódio, meu pai. A vocês, minha dedicação e meu amor.

A Ti, ó Deus, autor e consumador da fé e inspiração para minha vida.

Prefácio

A importância e os desafios do jornalismo especializado

A cobertura jornalística contemporânea tem sido submetida a um conjunto significativo de desafios. De imediato, podemos destacar a consolidação do chamado *jornalismo digital* ou *on-line*; a concorrência de novas formas de produção e distribuição de notícias; a multiplicação de títulos de publicações especializadas e de editorias em um mesmo veículo; e a convergência de interesses extrajornalísticos, que tendem a comprometer a qualidade da cobertura.

O jornalismo digital acelerou o processo de produção jornalística, exigindo dos profissionais de imprensa esforços adicionais para a checagem das informações. Desse modo, visa-se evitar a disseminação de fatos inverídicos, ocasionada pela falta de zelo das redações ou pela má-fé de fontes comprometidas com interesses de toda ordem (políticos, econômicos, ideológicos, empresariais etc.).

As mídias sociais ocupam papel preponderante na divulgação de informações. Ao mesmo tempo que favorecem a ampliação do alcance dos veículos jornalísticos tradicionais, incorporam novos desafios à manutenção da qualidade do conteúdo transmitido.

A segmentação dos veículos, além de aumentar a oferta de títulos aos leitores, rádio-ouvintes, telespectadores e internautas, estabeleceu um novo compromisso com o aprofundamento da cobertura jornalística, com vistas a atender à demanda de uma audiência[1] cada vez mais qualificada. Da mesma forma, é importante considerar a segmentação de um mesmo veículo (por exemplo, um grande jornal) em editorias específicas (política, economia, esporte, educação, meio ambiente, ciência e tecnologia), compostas geralmente de jornalistas com bons conhecimentos nessas áreas. Muitos dos profissionais que cobrem áreas especializadas têm formação superior à graduação, o que favorece não apenas o domínio de temas complexos, mas também a produção de notícias acessíveis à audiência.

O *lobby* de empresas e governos, bem como a atuação agressiva das fontes, agências e assessorias, aumentou drasticamente a oferta de pautas e informações; assim, os jornalistas e os veículos depararam-se com novas exigências, particularmente aqueles comprometidos com a qualidade da cobertura. Muita informação não significa necessariamente boa informação.

Esse cenário tornou irreversível uma tendência que vem se consolidando há décadas: o jornalismo especializado. Embora

---

1 Denominamos *audiência* todo o público que acessa um veículo jornalístico (impresso, eletrônico ou digital).

mantenha um vínculo com o processo básico de produção jornalística (afinal, jornalismo é jornalismo), essa vertente apresenta pelo menos quatro atributos fundamentais: foco, aprofundamento, linguagem diferenciada e profissionais especializados.

Isso significa que, para o jornalismo especializado, são indispensáveis os seguintes fatores: conhecimento aprofundado dos temas definidos em pauta; recurso a fontes fidedignas; uso de um discurso permeado por conceitos e termos técnicos; e capacitação dos profissionais de imprensa. Ele se opõe ao tratamento superficial dos fatos e exige que os jornalistas se debrucem com cuidado sobre as pautas, contextualizando-as e buscando entender as causas e as consequências de determinado acontecimento.

A emergência de temas abrangentes e complexos, como mudanças climáticas, clonagem humana, segurança alimentar, biodiversidade, matéria escura e buracos negros, requer dos profissionais de imprensa – comprometidos com a democratização do conhecimento – um bom nível de informação sobre tais assuntos e formação adequada para torná-los acessíveis aos cidadãos. Alessandra Lemos Fernandes evidencia que um mesmo tema pode resultar em produtos jornalísticos[2] distintos em razão do perfil do público, que pode se identificar mais com a proposta de um veículo ou editoria do que de outros.

---

2 A ideia do jornalismo como produto é duramente criticada por estudiosos que refutam a mercantilização da atividade. Aqui, o termo é empregado para descrever o resultado da atividade jornalística – um canal na TV ou na *web*, um programa de rádio, um jornal, uma revista ou outra publicação realizada por um ou mais jornalistas.

Para enriquecer seu relato sobre o jornalismo especializado, a autora realiza entrevistas com profissionais atuantes nas diversas modalidades (política, cultural, ambiental etc.). Traça ainda um panorama abrangente sobre essa área e indica, sobretudo aos novos jornalistas, oportunidades de trabalho. Portanto, entre outras virtudes, a obra merece ser saudada por contribuir para o fortalecimento do mercado e por enriquecer a bibliografia em jornalismo.

Ao considerarmos o crescente processo de especialização no jornalismo, convém destacarmos que os fatos não podem ser contemplados como um mero foco específico. Isso porque temas complexos relativos à economia, à política, ao meio ambiente, à ciência e à tecnologia geralmente têm como característica básica a inter e a multidisciplinaridade. O jornalismo econômico, ao ignorar essa situação, costuma cometer equívocos formidáveis quando se defronta, por exemplo, com a temática ambiental, sobrepondo uma visão que abrange lucros e ganhos financeiros à obrigatória preocupação com a sociodiversidade e a qualidade de vida. Sendo assim, não é possível focar as árvores individualmente e ignorar a floresta. Quando desprezamos o contexto, corremos o sério risco de ter uma visão parcial dos processos, dos fatos, do mundo e da vida.

Dr. Wilson Costa Bueno
Consultor na área de comunicação empresarial e diretor da Comtexto Comunicação e Pesquisa e da Mojoara Editorial.

Apresentação

Antes de começar a ler este livro, liste pelo menos cinco assuntos que você costuma discutir com seus amigos ou familiares. Em sua relação, podem aparecer assuntos como futebol, religião, política, fotografia e gastronomia.

Se você fizer esse mesmo pedido a um colega de trabalho, ele possivelmente elaborará uma lista diferente da sua; talvez goste de *games*, tecnologia, viagens, ciência e novas descobertas.

Caso realize o mesmo exercício com uma terceira pessoa – que não seja do seu convívio diário –, talvez a lista dela seja diferente das outras duas, constando assuntos como música, artes, meio ambiente, movimentos sociais e história da humanidade.

Recentemente, conheci uma jovem que gosta de ler sobre *serial killers* e casos famosos de assassinato. Ela me contou que busca conhecer o perfil desses homicidas, suas famílias de origem e o desfecho das histórias. Para minha surpresa, mostrou-me uma coleção de revistas que tratam do assunto, algumas específicas sobre assassinatos em série.

> Passados alguns dias, descobri um canal de televisão por assinatura totalmente dedicado a programas que falam sobre casos de assassinato: o *Investigação Discovery* (ID). Ao pesquisar os nomes que aparecem nas fichas técnicas, constatei que muitos dos profissionais que produzem esses programas são jornalistas especializados não apenas em jornalismo policial, mas em casos de assassinato de grande repercussão.

As pessoas se interessam por assuntos muito distintos, que vão de ciência a homicídios, de religião a história, de política a jogos eletrônicos, e assim por diante. Essa variedade tem impacto na produção do conteúdo jornalístico e na atividade do profissional responsável por essa função.

Nesta obra, abordamos os efeitos dessa diversificação sobre o crescimento do jornalismo especializado e do jornalismo segmentado.

No Capítulo 1, explicamos as diferenças entre a **especialização** e a **segmentação**. O jornalista especializado pode trabalhar em um veículo multitemático, cobrindo apenas determinado assunto ou editoria, ou ainda atuar em um canal, um programa, um *site* ou uma publicação que aborde um tema específico – por exemplo, um canal de esportes radicais, um *site* cultural ou uma revista voltada a mães de primeira viagem. Além disso, apresentamos definições que vão ajudá-lo a compreender que a segmentação não tem, necessariamente, ligação com o tema em si, mas com o público que o veículo quer alcançar – por exemplo, jovens interessados por assuntos relativos a moda, beleza, relacionamentos e primeiro emprego.

Nos Capítulos 2 e 3, abordamos com mais profundidade as diferentes possibilidades de segmentação e especialização, respectivamente.

Por fim, no Capítulo 4, discorremos sobre o modo como tais possibilidades se apresentam em determinados veículos, propiciando ao jornalista a oportunidade de atuar em diversas áreas, como empregado ou como empreendedor. No Brasil e no mundo, jornalistas independentes ou *freelancers* especializados em determinado segmento (negócios, tecnologia, automóveis, agronegócios etc.) vêm conquistando cada vez mais espaço, sobretudo nas plataformas *on-line*, que compram textos desses profissionais.

Atualmente, o jornalismo enfrenta um período de transformação: enquanto alguns jornais e revistas deixam de existir, cresce a quantidade de conteúdos produzidos pelas mídias digitais, especialmente daqueles que tratam de temáticas especializadas. Isso indica uma crise nos meios tradicionais, ao mesmo tempo que surgem muitas oportunidades para quem está atento às novas tendências.

Aproveite sua leitura!

Como aproveitar ao máximo este livro

Este livro traz alguns recursos que visam enriquecer seu aprendizado, facilitar a compreensão dos conteúdos e tornar a leitura mais dinâmica. São ferramentas projetadas de acordo com a natureza dos temas que vamos examinar. Veja a seguir como esses recursos se encontram distribuídos no decorrer desta obra.

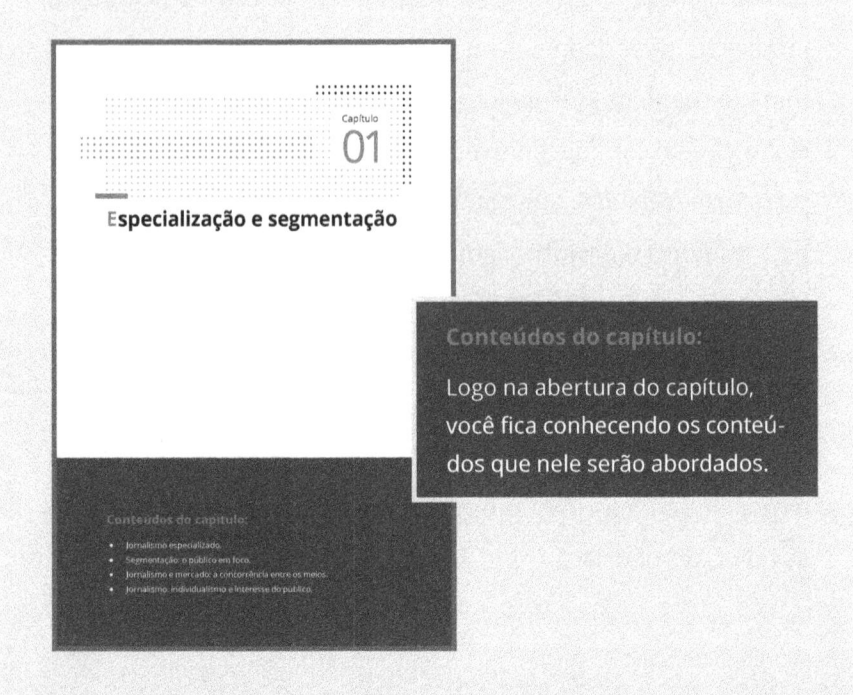

Capítulo
01

Especialização e segmentação

Conteúdos do capítulo:
- Jornalismo especializado.
- Segmentação: o público em foco.
- Jornalismo e mercado: a concorrência entre os meios.
- Jornalismo, individualismo e interesse do público.

Conteúdos do capítulo:
Logo na abertura do capítulo, você fica conhecendo os conteúdos que nele serão abordados.

Jornalismo: especialização e segmentação

Após o estudo deste capítulo, você será capaz de:

1. compreender os conceitos de *jornalismo especializado* e de *jornalismo segmentado* e suas diferentes aplicações;
2. reconhecer os fatores que levam ao crescimento da especialização e da segmentação jornalística;
3. relacionar as necessidades financeiras dos veículos de comunicação ao impulso da especialização jornalística;
4. perceber a relação entre a sociedade individualizada e a especialização dos conteúdos e dos veículos de comunicação.

Após o estudo deste capítulo, você será capaz de:

Você também é informado a respeito das competências que desenvolverá e dos conhecimentos que adquirirá com o estudo do capítulo.

Neste capítulo, explicamos os conceitos de *especialização* e *segmentação*. O primeiro volta-se à seleção de determinado tema como foco de uma publicação, caderno ou editoria; nesse caso, a abordagem do tema é mais aprofundada. O segundo diz respeito à identificação de um perfil de público que se deseja atingir, cujas características tornam-se determinantes no tratamento dado a cada tema, específico ou geral.

Também comentaremos como esses dois conceitos afetam a linguagem usada pelos jornalistas e como o mercado demanda a adoção dessas práticas. Evidenciaremos, por fim, que esse fenômeno é engendrado pela configuração social atual e pelas características do mercado.

Especialização e segmentação

Perguntas & respostas

Quanto e como as informações devem ser detalhadas ou traduzidas no jornalismo especializado?

Essa é uma discussão muito importante quando o assunto é especialização jornalística. A decisão depende do conhecimento que o leitor, o ouvinte, o telespectador ou o internauta que o meio **deseja** atingir tem do assunto. Provavelmente outras pessoas também acessarão aquele noticiário, mas existe um público-alvo definido no planejamento editorial de cada veículo, e é ele que deve ser levado em conta.

Muitas empresas jornalísticas investem em pesquisa para conhecer melhor o comportamento dessas pessoas e o tipo de notícia que elas querem acessar – e com qual linguagem.

Na seção a seguir, você poderá entender melhor as decisões jornalísticas baseadas no público.

Perguntas & respostas

Nesta seção, a autora responde a dúvidas frequentes relacionadas aos conteúdos do capítulo.

1.2
O público em foco: segmentação

Você sabe o que a expressão *público-alvo* quer dizer? A palavra em si já é esclarecedora: em resumo, trata-se dos leitores, ouvintes, telespectadores ou internautas que determinado veículo de comunicação deseja alcançar.

Para saber mais

O Instituto Legislativo Brasileiro (ILB) oferece cursos *on-line* e gratuitos sobre temas como doutrinas políticas, administração pública, orçamento público, política contemporânea e direito constitucional. A grade de cursos está disponível no *site* indicado a seguir:

BRASIL. Senado Federal. Escola de Governo. **Saberes**.
Disponível em: <http://saberes.senado.leg.br/>. Acesso em: 29 ago. 2017.

No livro *Notícias do Planalto: a imprensa e Fernando Collor*, Mario Sergio Conti discorre sobre os bastidores da cobertura política em Brasília, especialmente durante o período da eleição de Fernando Collor de Mello e de sua posterior renúncia para evitar o *impeachment*, na década de 1990. O autor também relata as negociatas em torno da publicação de reportagens envolvendo atores políticos.

CONTI, M. S. **Notícias do Planalto**: a imprensa e Fernando Collor. São Paulo: Companhia das Letras, 1999.

Para saber mais

Você pode consultar as obras indicadas nesta seção para aprofundar sua aprendizagem.

Na internet, além das páginas desses canais, há centenas – ou talvez milhares – de *sites* de notícias e *blogs* especializados na cobertura de variadas modalidades esportivas, como futebol, tênis, automobilismo, basquete e ciclismo.

É preciso ainda destacar o rádio, tradicional meio de cobertura de esportes. Embora nesse veículo haja prevalência da crônica, muitas emissoras têm uma programação expressiva voltada à cobertura esportiva, especialmente do futebol. Isso ocorre tanto nas rádios AM e FM quanto nas webrádios.

Questão para reflexão

O jornalista Rodrigo Capelo Nunes, na entrevista concedida especialmente para este livro, afirma que "Os novos veículos que surgem, sobretudo na internet, são em geral maldirecionados, porque são comandados por jornalistas muito jovens". Em sua opinião, como o jovem jornalista pode se aplicar para minimizar esse efeito e direcionar melhor a prática do jornalismo esportivo?

Questões para reflexão

Nesta seção, a proposta é levá-lo a refletir criticamente sobre alguns assuntos e trocar ideias e experiências com seus pares.

Jornalismo: especialização e segmentação

Preste atenção!

Nestes boxes, você confere informações complementares a respeito do assunto que está sendo tratado.

> Principais temas de especialização
>
> **Preste atenção!**
>
> Também chamado de *esporte eletrônico*, o *eSports* é uma competição de jogos eletrônicos, especialmente entre profissionais. Febre em países asiáticos, chegou também ao Brasil, sendo transmitida por canais digitais e até mesmo por redes de televisão. O *eSports* representa um novo campo de atuação para o jornalismo de *games*, que ganha adeptos em todo o mundo. Conforme anunciado pelo Conselho Olímpico da Ásia, "os eSports serão considerados oficialmente uma modalidade para os Jogos Asiáticos de 2022, com direito a medalhas para os competidores (ESPORT..., 2017).
>
> A foto a seguir mostra um evento da Electronic Sports World Cup, realizada na Polônia em 2013. Em 2015, a competição International 5 distribuiu cerca de 18 milhões de dólares aos times, segundo dados do *site Tecmundo* (2017), especializado na cobertura de assuntos ligados à tecnologia.

> **Estudo de caso**
>
> Cobertura de grandes eventos de discussão sobre o meio ambiente no Brasil
>
> O Brasil sediou dois importantes eventos ligados ao meio ambiente e que impulsionaram o jornalismo ambiental no país. Em junho de 1992, a cidade do Rio de Janeiro recebeu a Conferência das Nações Unidas sobre o Meio Ambiente e Desenvolvimento, conhecida como *Rio-92* ou *Eco-92*. O encontro ficou marcado pela aprovação de duas importantes convenções: uma sobre biodiversidade e outra sobre mudanças climáticas. Na ocasião, a Agenda 21, termo que inclui um plano de ações e metas para um desenvolvimento sustentável, foi assinado por representantes de 179 países.
>
> Em março de 2006, ocorreu a 8ª Reunião da Conferência das Partes (COP8) para a Convenção de Diversidade Biológica, em Pinhais, na região metropolitana de Curitiba. Participaram do evento representantes de 188 países, entre eles 100 ministros do meio ambiente, que debateram e firmaram acordos para a preservação e o uso sustentável da biodiversidade. Paralelamente à COP8, aconteceu a 3ª Reunião da Conferência das Partes para o Protocolo de Biossegurança (MOP-3). Ambos os eventos reuniram um total de 5 mil pessoas.
>
> Para visualizar dados sobre a importância da realização desses eventos no Brasil, acesse o *link* indicado a seguir:

Estudo de caso

Esta seção traz ao seu conhecimento situações que vão aproximar os conteúdos estudados de sua prática profissional.

que se interessam por determinado noticiário daquelas que não se interessam. É justamente isso que caracteriza a segmentação ideológica.

Síntese

Neste capítulo, abordamos as principais formas de segmentação adotadas pelos veículos jornalísticos.

A segmentação geográfica refere-se à separação dos públicos de acordo com o local onde vivem ou trabalham ou conforme o alcance do veículo. O mercado é dividido em diferentes áreas geográficas: local, regional, nacional e internacional.

Com relação à segmentação por renda ou ocupação, destacamos as publicações que buscam atingir um público de determinada classe econômica ou que exerce certa profissão. Há jornais impressos direcionados às pessoas que utilizam o transporte coletivo e outros voltados a quem viaja de avião, por exemplo, assim como publicações voltadas a setores específicos.

A segmentação por gênero diz respeito à produção jornalística voltada a homens ou a mulheres, podendo contemplar diferentes orientações sexuais – por exemplo, publicações direcionadas ao público LGBT.

Por fim, a segmentação ideológica refere-se à manifestação de visões políticas (de direita ou de esquerda, por exemplo), econômicas e sociais.

---

buscam se diferenciar e, quando alcançam um público específico, seus anúncios acabam se tornando mais assertivos.

Por fim, mencionamos a realidade da sociedade pós-moderna – individualista, com menos preocupações com a coletividade – como uma das causas da segmentação e, consequentemente, da especialização jornalística.

Questões para revisão

1. Discorra sobre os quatro atributos fundamentais do jornalismo especializado.

2. Explique pelo menos dois fatores que contribuíram para o crescimento da segmentação jornalística.

3. Com relação ao jornalismo especializado, analise as afirmativas a seguir:
    I) Pode ser aplicado tanto a noticiários gerais quanto a específicos. No caso das publicações generalizadas, a especialização jornalística pode ocorrer em editorias, cadernos ou suplementos.
    II) A publicação precisa tratar de um tema específico e ser direcionada a um único público. Se determinado veículo aborda mais de um tema, o profissional deve ter conhecimentos gerais e, portanto, é dispensável a contratação de um jornalista especializado.

Síntese

Você dispõe, ao final do capítulo, de uma síntese que traz os principais conceitos nele abordados.

Questões para revisão

Com estas atividades, você tem a possibilidade de rever os principais conceitos analisados. Ao final do livro, a autora disponibiliza as respostas às questões, a fim de que você possa verificar como está sua aprendizagem.

Capítulo
01

Especialização e segmentação

Conteúdos do capítulo:

- Jornalismo especializado.
- Segmentação: o público em foco.
- Jornalismo e mercado: a concorrência entre os meios.
- Jornalismo, individualismo e interesse do público.

Após o estudo deste capítulo, você será capaz de:

1. compreender os conceitos de *jornalismo especializado* e de *jornalismo segmentado* e suas diferentes aplicações;
2. reconhecer os fatores que levam ao crescimento da especialização e da segmentação jornalística;
3. relacionar as necessidades financeiras dos veículos de comunicação ao impulso da especialização jornalística;
4. perceber a relação entre a sociedade individualizada e a especialização dos conteúdos e dos veículos de comunicação.

Neste capítulo, explicamos os conceitos de *especialização* e *segmentação*. O primeiro volta-se à seleção de determinado tema como foco de uma publicação, caderno ou editoria; nesse caso, a abordagem do tema é mais aprofundada. O segundo diz respeito à identificação de um perfil de público que se deseja atingir, cujas características tornam-se determinantes no tratamento dado a cada tema, específico ou geral.

Também comentaremos como esses dois conceitos afetam a linguagem usada pelos jornalistas e como o mercado demanda a adoção dessas práticas. Evidenciaremos, por fim, que esse fenômeno é engendrado pela configuração social atual e pelas características do mercado.

1.1
O que é jornalismo especializado?

O jornalismo especializado – vertente da atividade jornalística que atua de forma contrária à cobertura geral dos fatos – apresenta alguns atributos fundamentais:

- Foco: Pautas direcionadas a determinado tema ou a um público específico;
- Aprofundamento: Abordagens além do senso comum, contrárias à superficialidade do noticiário em geral;
- Linguagem diferenciada: Uso maior de termos técnicos e científicos e de jargões, sem a necessidade de explicações detalhadas, uma vez que se trata de um discurso comum àquela área do conhecimento;
- Profissionais especializados: Produções realizadas geralmente por jornalistas com formação complementar ou com maior domínio do tema.

O jornalismo especializado pode ocorrer de três formas principais. A primeira é em uma editoria, um caderno ou um suplemento. Mesmo que o veículo cubra assuntos em geral, o jornalista atua focado em dada seção, produzindo material sobre o tema de sua especialidade. Por exemplo: um editor do caderno de turismo de um grande jornal normalmente cuida de pautas sobre esse tema, independentemente dos demais assuntos que o veículo está cobrindo (importante votação no Congresso, manifestação na rua etc.). Isso ocorre pela *expertise* desse jornalista no ramo turístico, no qual certamente tem acesso facilitado às fontes, contatos valiosos e conhecimento técnico. Além disso, é de sua responsabilidade produzir um caderno especial sobre o tema a cada semana.

Para Rovida (2010, p. 65), a atuação em veículos de cobertura geral é a principal face da especialização jornalística ou *periodística*, como também é chamada.

> Jornalismo especializado faz parte do jornalismo de informação geral por se tratar de comunicação ampla e genérica, embora possa ser limitado por aspectos temáticos que imprimem certa singularidade na redação das notícias e até na abordagem dos temas noticiados. O jornalismo especializado, normalmente, se remete a uma editoria do jornalismo de informação geral, não sendo considerado um fenômeno ou modalidade a [sic] parte, mas uma característica do jornalismo de informação geral contemporâneo.

O jornalista especializado também pode atuar em um veículo que não seja de informação geral, mas totalmente especializado. Imagine um profissional que, além de ser formado em jornalismo, tem graduação em moda. Ele pode atuar em um portal que divulgue apenas informações ligadas a esse universo, como lançamentos de coleções, tendências e grandes estilistas. Um meio especializado demanda ainda mais jornalistas especializados.

Há também os colunistas, que nem sempre são jornalistas, mas aqui focaremos nos que são. Esses profissionais, especialistas em determinada área, tornam-se referência no meio em que atuam. Eles podem trabalhar em veículos especializados ou prestar-lhes serviços ou, ainda, no noticiário geral, esclarecendo fatos ligados ao tema de sua especialidade ou opinando sobre eles.

Um dos principais estudiosos sobre a especialização jornalística no Brasil é Wilson da Costa Bueno, doutor em Comunicação pela Universidade de São Paulo (USP) e especialista em Comunicação Rural, uma das vertentes do jornalismo especializado. Segundo esse pesquisador, a especialização jornalística não se resume a abordar um tema específico, referindo-se também à forma **qualificada** como lida com ele. As fontes utilizadas para a elaboração das matérias precisam dominar os assuntos em questão e o discurso deve ser apropriado ao público, que quer receber informações mais aprofundadas que as fornecidas pelo noticiário geral (Bueno, 2014).

No jornalismo geral, evitam-se termos técnicos, pois o texto deve ser acessível a todos, independentemente de classe social, ocupação etc. Já no jornalismo especializado, supõe-se que o público tem maior familiaridade com a temática e, portanto, compreende as palavras específicas daquela a área do conhecimento.

Um exemplo clássico é o jornalismo econômico. Se, em geral, é necessário explicar ao leitor que Selic[1] é a taxa básica de juros estabelecida pelo Banco Central, a qual serve de base para transações financeiras, o jornalista de uma revista especializada em economia pode apenas mencionar a referida taxa, sem fornecer mais explicações.

De qualquer modo, todo texto jornalístico deve ser mais acessível que uma publicação técnica ou científica, visto que não é um material produzido para anais de congresso. Embora o público específico entenda certos assuntos com mais facilidade que a audiência em geral, é essencial que o jornalista exponha esse conhecimento de forma clara.

Esse ponto é, inclusive, uma das preocupações dos estudiosos em especialização jornalística: a linguagem se tornar tão refinada ou específica a ponto de distanciar o público já assíduo ou possíveis novos interessados no tema. Codificar a mensagem não é, de fato, o papel do texto jornalístico.

Tavares (2009, p. 123; 125) comenta que o jornalismo especializado deve fazer a mediação entre o saber especializado e o público das notícias.

---

1   Sigla para Sistema de Liquidação e Custódia.

> Atribui-se a esse tipo de jornalismo, portanto, o papel de buscar intermediar saberes especializados na sociedade, construindo um tipo de discurso que, noticioso, ou "apenas" informacional, promova um outro tipo de conhecimento que se funde – geralmente – na compreensão conjunta do universo científico e do senso comum. [...] Assim, no Jornalismo Especializado, pode-se dizer, propõe-se sempre uma junção, independentemente do meio e do conteúdo, entre a necessidade de um processo de leitura distinto sobre o mundo e a adequação de termos e lógicas a uma linguagem acessível como parâmetros para se pensar essa prática jornalística.

Nessa missão de tornar temas específicos compreensíveis ao público – por vezes leigo, mas interessado nesse universo –, o jornalista pode escrever para um veículo de cobertura geral com o intuito de ajudar na produção de reportagens especiais. Por exemplo: Um jornalista especializado em meio ambiente pode escrever uma matéria sobre mudanças climáticas para uma revista de variedades, traduzindo o conhecimento especializado para a audiência em geral.

Vale a pena mencionarmos ainda os temas ligados à ciência e à medicina. Quantas descobertas são importantes não apenas para a comunidade científica ou médica, mas para a sociedade em geral? Quantas pessoas – embora não atuem na área – se interessam por notícias sobre as pesquisas mais recentes? Portanto, cabe ao jornalismo científico decodificar termos e dar explicações para que essas novidades não cheguem somente às pessoas que trabalham nos laboratórios das universidades, mas também àquelas que não têm acesso a esses locais.

É importante destacarmos que o **gênero explicativo** é o mais usado no jornalismo especializado. Tavares (2009, p. 126) conceitua a ideia:

> A reportagem, como apontam autores que trabalham sobre o tema, talvez seja o exemplo, por excelência, das manifestações deste tipo de jornalismo (especializado) [...].
>
> A reportagem acompanha a especialização determinada por um veículo ou seção (de jornal, revista, programa televisivo etc.), mas ultrapassa discursivamente o caráter "puramente noticioso" (no sentido de uma informação rápida e datada), podendo cumprir e exercer um papel de aprofundamento sobre as especialidades de que trata. Nela, seria possível a "execução" de um jornalismo "mais profundo", "mais completo", tal qual aquele pensado como "jornalismo explicativo".

Perguntas & respostas

Quanto e como as informações devem ser detalhadas ou traduzidas no jornalismo especializado?

Essa é uma discussão muito importante quando o assunto é especialização jornalística. A decisão depende do conhecimento que o leitor, o ouvinte, o telespectador ou o internauta que o meio **deseja** atingir tem do assunto. Provavelmente outras pessoas também acessarão aquele noticiário, mas existe um público-alvo definido no planejamento editorial de cada veículo, e é ele que deve ser levado em conta.

Muitas empresas jornalísticas investem em pesquisa para conhecer melhor o comportamento dessas pessoas e o tipo de notícia que elas querem acessar – e com qual linguagem.

Na seção a seguir, você poderá entender melhor as decisões jornalísticas baseadas no público.

1.2 O público em foco: segmentação

Você sabe o que a expressão *público-alvo* quer dizer? A palavra em si já é esclarecedora: em resumo, trata-se dos leitores, ouvintes, telespectadores ou internautas que determinado veículo de comunicação deseja alcançar.

Nenhum veículo consegue atingir a todos os públicos. No caso da televisão aberta, por exemplo, não é toda a população que assiste ao telejornal, mas apenas uma parcela dela. Selecionar esse público é a essência da *segmentação*, termo que significa dividir ou fracionar (Houaiss; Villar, 2017). A segmentação no jornalismo surgiu, principalmente, pela necessidade econômica das empresas, que precisam obter audiência para seus veículos, visando ao consumo dos produtos anunciados por elas.

A referida prática, ou seja, a separação dos indivíduos segundo perfil de renda, interesses, ocupação, gênero, orientação sexual, moradia, religião e hábitos de consumo, foi emprestada da área de marketing.

> 5 Rubrica: marketing.
> divisão do mercado em grupos de indivíduos com características, necessidades e modos de atuação semelhantes, segundo seu perfil financeiro, psicológico etc., visando definir estratégias de *marketing*. (Houaiss; Villar, 2017)

Philip Kotler (2003), um dos principais estudiosos do marketing, afirma que a segmentação tem nichos cada vez mais estreitos. Se antigamente o público de algumas empresas, por exemplo, eram mulheres de 25 a 50 anos, hoje sua atuação está ainda mais segmentada. Pense em algumas revistas produzidas para o público feminino: algumas delas são voltadas às adolescentes, e outras, às jovens ou às idosas. Há ainda publicações direcionadas às mulheres executivas, às donas de casa etc. Isso é segmentação.

Os critérios de escolha das pautas, bem como a linguagem, o planejamento gráfico e a forma de distribuição dos materiais, dependem do público-alvo. Segundo Rovida (2010), o jornalismo torna-se segmentado quando sua especialização é tão específica que seu público fica mais limitado; esse fenômeno é chamado de *superespecialização*. A autora afirma que a identificação entre a audiência e o veículo ocorre especialmente pela linguagem e pelos interesses comuns de determinado grupo.

> Enquanto no jornalismo de informação geral e em suas editorias especializadas, o texto é pensado para um público heterogêneo e amplo, ou seja, são utilizadas técnicas pluralistas, como enfatiza Medina, no Jornalismo Segmentado a linguagem é instrumento de identificação do público-leitor. Esse ponto é fundamental para compreendermos que essa modalidade de jornalismo reflete a realidade de um grupo de pessoas específico, que se forma a partir de um interesse em comum; em geral, esse interesse é inerente à ocupação profissional dessas pessoas. (Rovida, 2010, p. 72)

A autora propõe, então, uma definição para *jornalismo segmentado*, qual seja:

> [...] é um tipo de comunicação jornalística focado em grupos sociais específicos formados com base em um interesse comum que, em geral, se relaciona a temas profissionais. O Jornalismo Segmentado é apresentado em veículos com distribuição dirigida. (Rovida, 2010, p. 75)

A ideia de trazer à luz acontecimentos novos e atuais, que despertem o interesse da sociedade, é inerente ao jornalismo. No entanto, em muitas publicações segmentadas, a profundidade da cobertura se sobrepõe à novidade e à atualidade; por isso, a escolha das pautas é tão importante, como destaca Rovida (2010).

> Claro que o Jornalismo Segmentado também trabalha com a novidade, com a atualidade, mas de uma forma diferente. É muito mais importante, nesse tipo de comunicação, o desenvolvimento e o aprofundamento do fato noticiado o que torna a atualidade um fator secundário, ao contrário do status que este valor-notícia tem no jornalismo de informação geral. Além de priorizar a profundidade dos temas apresentados, esse tipo de publicação tem uma periodicidade mais ampla o que

inviabilizaria qualquer tentativa de trabalhar com temas essencialmente atuais. (Rovida, 2010, p. 73)

Em resumo, o conteúdo das produções jornalísticas segmentadas, independentemente do veículo, é mais aprofundado e direcionado a pessoas com interesses comuns, por terem a mesma idade ou ocupações similares ou por estarem vivendo, em dado momento, experiências parecidas, como o nascimento de filhos ou a velhice. Esses veículos contam com um público restrito e têm uma comunicação dirigida e assertiva; por não atingirem uma massa, nem sempre têm audiências astronômicas.

Como mencionamos, as necessidades financeiras das empresas de comunicação estimulam a criação de produtos segmentados. É sobre esse assunto que discorremos na Seção 1.3.

1.3
Concorrência entre os meios (jornalismo e mercado)

A especialização e a segmentação surgem como alternativas de sobrevivência e superação de um cenário desfavorável para grande parte dos meios de comunicação. Em 2012, o Tow Center for Digital Journalism, da Escola de Jornalismo da Universidade de Columbia, nos Estados Unidos, elaborou um dossiê em que destacava essa crise, amplamente discutida nos meios acadêmicos.

Esse relatório, intitulado "Jornalismo pós-industrial: adaptação aos novos tempos"[2], não busca discutir tendências, mas a realidade que já estaria em curso, marcada essencialmente por três fatores:

1. Novos modelos de transmissão e publicação de notícias.
2. Queda do número de leitores e de audiência.
3. Redução das receitas dos veículos de comunicação.

A fuga do público dos meios tradicionais, associada à maior liberdade de divulgação de informações nos meios digitais, acarreta a diminuição dos lucros das empresas jornalísticas. Essa situação preocupa não apenas os empresários do ramo, mas os jornalistas em geral. Consta no dossiê que "o bom jornalismo sempre foi subsidiado" (Anderson; Bell; Shirky, 2013, p. 34), em razão da necessidade de recursos para o financiamento das redações e das produções jornalísticas, o que inclui o pagamento de salários aos profissionais.

Diante desse cenário, os meios passam a disputar cada vez mais audiência e buscam se diferenciar uns dos outros para atrair o público. Além disso, procuram conhecer melhor o perfil das pessoas que acessam notícias e identificar os assuntos que mais lhes interessam. Com base nessas pesquisas, geralmente encabeçadas pelo departamento de marketing, são tomadas decisões a respeito do conteúdo que os meios jornalísticos produzirão.

---

2 Para verificar esse relatório, consulte Anderson, Bell e Shirky (2013).

Convém ressaltarmos que a cúpula gerencial interfere diretamente nessas decisões. Os programas, as publicações e as páginas *on-line* são segmentados, a fim de atingirem o público-alvo de forma eficaz.

Schuch (1998) destaca que a disputa pelos anunciantes e a necessidade de atrair e manter a audiência leva a uma concorrência entre os meios.

> A especialização dos veículos, impressos e eletrônicos, é incrementada na procura e consolidação de nichos de mercado, e pelo menos duas novas formas de informação, serviço e autoajuda, são cada vez mais privilegiadas. Concorrentes também disputam leitores via busca de colocação mais rápida do produto no mercado. Veículo criticando veículo é uma ação frequente. São criados cargos para jornalistas representarem a audiência. Enfim, o jornalismo mostra um movimento em direção à competição, sintonizado, como tudo leva a crer, no ambiente econômico competitivo que se estabelece no país.
>
> Como qualquer ramo da atividade econômica, o jornalismo está sujeito às leis do mercado. Uma direção que este mercado toma é a oligopolização, que apresenta concorrência interna pela natureza deste ramo. Ao mesmo tempo, o jornalismo, também por sua natureza, é uma atividade que permite a atuação política-ideológica mais intensa, já que forma a opinião pública.

Neste sentido, há possibilidade de mostrar-se como um oligopólio de consenso em determinadas posições políticas. O jornalismo, enfim, é o resultado de uma combinação entre interesses políticos e econômicos. Ele tem um papel institucional, mas também é um negócio. (Schuch, 1998)

O autor destaca que, uma vez que o jornalismo também é um negócio, as decisões passam a ser regidas pelo mercado. Na definição de Kotler (2003), o mercado é um lugar onde há vendedores e compradores; no caso dos veículos de comunicação, os vendedores são a empresa e seus anunciantes, e os compradores são o público que adquire as notícias e, possivelmente, os produtos divulgados.

Conquistar o público é fundamental para as empresas jornalísticas, as quais devem pensar em diferentes estratégias para atingir esse propósito. Sendo assim, elas devem veicular informações que despertem o interesse de determinados segmentos, criando cadernos, suplementos, novos programas etc.

Imagine uma pessoa que tem cachorros, por exemplo. É provável que ela se interesse por uma reportagem sobre como proteger os cães do barulho produzido por fogos de artifício ou sobre as doenças caninas mais comuns. Há uma grande chance de esse indivíduo estar disposto a ler uma ou mais notícias sobre o tema em *blogs* ou *sites* específicos sobre o tema.

De olho em oportunidades como essa, as empresas têm criado vários veículos especializados e subespecializados que buscam atrair uma audiência específica e, no que diz respeito a negócios, aproveitando para aumentar a publicidade de produtos voltados a esse público. Crescem, assim, as chances de os anunciantes venderem itens do segmento *pet*, já que a audiência é formada por pessoas que têm animais. Nesse caso, a segmentação acaba gerando uma relação ganha-ganha: o público recebe uma informação de seu interesse; os veículos conseguem anunciantes; e estes têm maior chance de retorno do seu investimento publicitário.

Essa dinâmica é alvo de críticas de jornalistas e estudiosos de diversas áreas, que a acusam de remover a liberdade do jornalismo e enfraquecer a cobertura de assuntos de grande impacto, como política e economia. Isso levaria a certa alienação social, uma vez que cada um só vê o que lhe interessa – muitas vezes, temas amenos –, enquanto o governo toma decisões que importam a todos, como as reformas trabalhista e previdenciária, que alteram regras relativas à contratação de empregados e à idade para se aposentar.

Ao analisar essa conjuntura, Marcondes Filho (2000) questiona se ainda haveria jornalismo. Segundo o autor, esse imperativo mercadológico não é um fenômeno recente, mas ganhou força a partir do século XIX, com a produção de jornais em massa.

O aumento fantástico da produção significou uma total reorientação da indústria jornalística no sentido de render lucros e se tornar economicamente autossustentável. Consequentemente, o jornalismo deixou de ser tão livre, descomprometido, espaço aberto a toda e qualquer manifestação dos agentes sociais, tornando-se um produto "trabalhado", voltado ao mercado, dependente dos gostos e do interesse de uma ampla massa de consumidores. A audácia e a criatividade jornalística perdem terreno em relação ao conformismo e à repetitividade mercadológica. (Marcondes Filho, 2000, p. 32-33)

Boa ou não, a relação entre o jornalismo e o mercado é uma realidade, e a meta de descobrir caminhos para realizar uma atividade jornalística qualificada em qualquer circunstância deve prevalecer entre os profissionais da área.

1.4
Jornalismo e interesse do público: individualismo

O público, de modo geral, interessa-se pelo conteúdo produzido pelos jornalismos especializado e segmentado. Conforme Abiahy (2000), em uma sociedade da informação – como a atual –, promover uma comunicação voltada a múltiplas temáticas é uma vantagem.

Segundo a autora, muitos dos assuntos que não são cobertos pelos veículos de massa são abordados por veículos especializados, os quais devem organizar os dados para facilitar o acesso do público a eles.

Por outro lado, Abiahy (2000) alerta que tamanha fragmentação pode desestimular o debate coletivo. Cada um acaba pensando apenas naquilo que é importante para si e, assim, se desinteressa pelos assuntos referentes à sociedade como um todo. Desse modo, há um grande risco de as pessoas deixarem de olhar para o outro, para as causas que não as afetam diretamente; porém, por dizerem respeito a outro ser humano, elas demandam a atenção ou a ajuda de todos.

O pensador Zygmunt Bauman (2008, p. 67, grifos do original)[3] escreveu sobre o que chamou de *sociedade individualizada*, em que os indivíduos não querem ouvir os problemas dos outros ou assuntos que não sejam de seu interesse.

> O indivíduo é o pior inimigo do cidadão, sugeriu Tocqueville. Ele tende a ser indiferente, cético ou desconfiado em relação ao "bem comum", "à sociedade boa ou justa". Qual é o sentido de interesses *comuns* a não ser que eles deixem que cada

---

3   O sociólogo polonês Zygmunt Bauman morreu aos 91 anos, deixando uma vasta obra de análise da sociedade atual e do que chamou de *modernidade líquida* dos relacionamentos, em uma relação entre o desenvolvimento tecnológico, a obsolescência dos bens e o consumo. Assim como os objetos, as relações sociais também perderiam rapidamente sua validade. Entre suas obras consagradas estão *Modernidade líquida* (2000), *Amor líquido* (2004) e *Sociedade individualizada: vidas contadas e histórias vividas* (2008).

indivíduo satisfaça seu *próprio* interesse? Qualquer outra coisa que os indivíduos possam fazer quando se juntam pressagia restrições à liberdade de perseguir o que consideram adequado para si e não ajudará em nada essa busca. As duas únicas coisas úteis que se pode esperar e desejar do "poder público" é que defenda os "direitos humanos", ou seja, deixar que todos sigam seu próprio caminho e permitir que todos façam isso em paz [...].

O crescimento da especialização e da segmentação no jornalismo é reflexo de uma sociedade em que os interesses individuais se sobrepõem aos coletivos frequentemente. Com isso, ocorre também a setorização do público, fazendo os veículos especializados se proliferarem tanto nos meios impressos quanto nos eletrônicos e digitais.

Essa preocupação apenas com as próprias causas ganha faces de **personalização**, principalmente na *web*. Algumas redes sociais, com base nas atividades que o usuário realiza no *site*, disponibilizam a ele assuntos pelos quais possa se interessar. Por meio de mecanismos de busca, é possível identificar os temas de interesse do usuário e cadastrar o envio de notícias relacionadas a eles por *e-mail*, como uma espécie de *newsletter* personalizada.

Para saber mais

No artigo "O jornalismo especializado na sociedade da informação", Abiahy discute diferentes aspectos da informação jornalística. Um deles é a possibilidade de se produzir um conteúdo que agrade o público em geral. O outro é tratar de assuntos específicos, o que encontra adesão do público em um cenário de sociedade individualizada, como a atual. Para compreender melhor o assunto, acesse o *link* indicado a seguir e leia o texto na íntegra:

ABIAHY, A. C. de A. **O jornalismo especializado na sociedade da informação**. 2000. Disponível em: <http://www.bocc.ubi.pt/pag/abiahy-ana-jornalismo-especializado.pdf>. Acesso em: 28 ago. 2017.

Síntese

Neste capítulo, explicamos as diferenças entre a especialização e a segmentação. O jornalismo especializado consiste na abordagem aprofundada de determinado tema, e o jornalismo segmentado refere-se à divisão do público por nichos, levando em conta diferentes critérios, como idade, gênero, renda e ideologia.

Destacamos que o crescimento dos jornalismos especializado e segmentado tem a ver com a concorrência dos meios de comunicação por audiência e por receitas publicitárias. Os veículos buscam se diferenciar e, quando alcançam um público específico, seus anúncios acabam se tornando mais assertivos.

Por fim, mencionamos a realidade da sociedade pós-moderna – individualista, com menos preocupações com a coletividade – como uma das causas da segmentação e, consequentemente, da especialização jornalística.

Questões para revisão

1. Discorra sobre os quatro atributos fundamentais do jornalismo especializado.

2. Explique pelo menos dois fatores que contribuíram para o crescimento da segmentação jornalística.

3. Com relação ao jornalismo especializado, analise as afirmativas a seguir:
    I) Pode ser aplicado tanto a noticiários gerais quanto a específicos. No caso das publicações generalizadas, a especialização jornalística pode ocorrer em editorias, cadernos ou suplementos.
    II) A publicação precisa tratar de um tema específico e ser direcionada a um único público. Se determinado veículo aborda mais de um tema, o profissional deve ter conhecimentos gerais e, portanto, é dispensável a contratação de um jornalista especializado.

Assinale a alternativa correta:

a) Ambas as sentenças são verdadeiras, e a II justifica a I.
b) Ambas as sentenças são verdadeiras, não havendo relação entre elas.
c) A sentença I é falsa e a II é verdadeira, não havendo relação entre elas.
d) A sentença I é verdadeira e a II é falsa, não havendo relação entre elas.
e) Ambas as sentenças são falsas.

4. No jornalismo geral, evitam-se termos técnicos, pois o texto deve ser acessível a todos, independentemente de classe social, ocupação etc. Por outro lado, no jornalismo especializado, supõe-se que o público tem maior familiaridade com a temática e, portanto, compreende as palavras específicas de determinada área do conhecimento. Com base nessa afirmação, analise as sentenças a seguir:

I) Se, em geral, é necessário explicar ao leitor que Selic é a taxa básica de juros estabelecida pelo Banco Central, a qual serve de base para transações financeiras, o jornalista de uma revista especializada em economia pode apenas mencionar a referida taxa, sem fornecer mais explicações.

II) O texto jornalístico deve ser mais acessível que uma publicação técnica ou científica. Embora o público específico entenda certos assuntos com mais facilidade que a audiência em geral, é essencial que o jornalista traduza esse conhecimento de uma forma mais clara.

III) O risco enfrentado pelo jornalismo especializado é a linguagem se tornar tão refinada ou específica a ponto de distanciar o público já assíduo ou possíveis novos interessados no tema.

Assinale a alternativa correta:

a) Apenas a sentença I é falsa.
b) Apenas a sentença II é falsa.
c) Apenas a sentença III é falsa.
d) Apenas a sentença I é verdadeira.
e) Todas as sentenças são verdadeiras.

5. "Percebemos, porém, mais diversidade de estilo e no tratamento do material informativo, o que pode contribuir para a originalidade cada vez maior destas publicações [...]. A oportunidade de trabalhar com diferentes conteúdos através de diferentes linguagens nos mostra que há um alargamento no campo de atuação do jornalista" (Abiahy, 2000, p. 25).

Com base nesse trecho e nos conceitos referentes à segmentação no jornalismo trabalhados neste capítulo, analise as afirmações a seguir:

Especialização e segmentação

I) Nas produções segmentadas, cada veículo constrói uma linguagem e busca intimidade com seu próprio público, investindo em uma temática específica.

II) A segmentação leva a um aprofundamento dos temas, em oposição à superficialidade e ao processo de alienação social presentes nas *soft news*.

III) Na segmentação, cada pauta aborda um tema específico, como moda, saúde, meio ambiente e esportes. As notícias produzidas com base nessas diferentes pautas podem compor uma mesma publicação.

Assinale a alternativa correta:

a) Apenas a sentença I é falsa.
b) Apenas a sentença II é falsa.
c) Apenas a sentença III é falsa.
d) Apenas a sentença I é verdadeira.
e) Todas as sentenças são verdadeiras.

Capítulo 02

Tipos de segmentação

Conteúdos do capítulo:

- Segmentação geográfica.
- Segmentação por renda ou ocupação.
- Segmentação por gênero.
- Segmentação ideológica.

Após o estudo deste capítulo, você será capaz de:

1. identificar o processo de segmentação jornalística;
2. conceituar *segmentação geográfica* e perceber como os veículos utilizam essa estratégia;
3. reconhecer os critérios de classificação econômica que norteiam a segmentação por renda;
4. entender a segmentação por gênero – feminino e masculino – e a segmentação segundo as ideias, conhecida como *ideológica*.

Como mencionamos no Capítulo 1, a audiência pode ser dividida de acordo com alguns critérios: lugar onde vive, renda, ocupação, gênero, ideologia, entre outros. Sendo assim, as notícias são segmentadas conforme seu impacto para determinado público.

Neste capítulo, abordamos os tipos de segmentação existentes, nomeadamente: geográfica, por renda ou ocupação, por gênero, e ideológica. Versamos sobre as especificidades de cada um desses tipos e citamos exemplos reais de publicações que se dirigem a determinado público.

2.1
Segmentação geográfica

É possível fracionar o produto jornalístico pelo alcance do veículo ou pela seleção das notícias, considerando-se o local onde o público vive ou trabalha.

A segmentação geográfica requer a divisão do mercado em diferentes áreas geográficas: local, regional, nacional e internacional.

Figura 2.1 – Dinâmica das notícias locais, regionais e nacionais

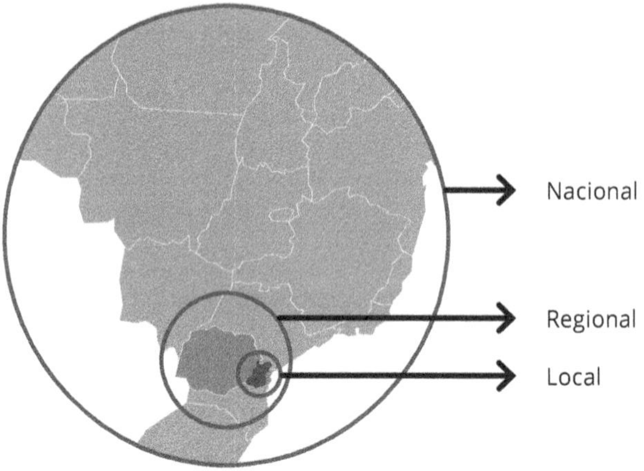

Fonte: Adaptado de Schuch, 2004.

Para explicarmos a segmentação geográfica de modo detalhado, tomamos o Brasil como referência.

- **Internacional**: Refere-se a fatos que acontecem fora do país onde vivemos, cujos impactos podem ou não ser sentidos aqui. A cobertura de eventos como a guerra civil na Síria, as eleições norte-americanas, visitas do papa a outros países e decisões da União Europeia cabem ao noticiário internacional. Vale ressaltarmos que, embora tais assuntos pareçam alheios ao Brasil, eles podem gerar consequências internas e, quando possível, veículos usam esses impactos como gancho. A cobertura internacional geralmente é feita de duas maneiras: ou por meio de um correspondente – jornalista que cobre acontecimentos fora de seu país de origem –, ou por meio de agências internacionais, que acompanham fatos importantes em diferentes países e distribuem esse material por todo o mundo, parte gratuitamente e parte paga pelos veículos que acessam esse conteúdo.

  Para ser correspondente internacional – sonho de muitos profissionais –, é importante ter fluência no idioma do país em que a cobertura será feita; facilidades de acesso, como cidadania estrangeira; noções de política internacional; e experiência na cobertura jornalística em geral.

- **Nacional**: Diz respeito a notícias que interessam ao público das diferentes regiões do país. Os fatos se dão em variados lugares, mas o impacto ocorre independentemente dos fatores regionais.

Um exemplo é o anúncio da Previdência Social sobre as novas regras da aposentadoria. Trata-se de um tema nacional, pois essas regras valem para todo o território brasileiro. Outro exemplo são as operações policiais que envolvem personalidades políticas de alto escalão. A cidade de Curitiba, por exemplo, é a sede da Operação Lava Jato[1], mas os resultados das investigações e as prisões têm impacto em todo o país.

- **Regional**: Refere-se a notícias que interessam aos habitantes de um estado ou uma região. Em razão do alcance do veículo ou do teor da notícia, o impacto desse noticiário é restrito a determinado espaço geográfico.

Um exemplo é o anúncio do Poder Judiciário de que processos de segunda instância do Paraná, de Santa Catarina e do Rio Grande do Sul serão julgados pelo Tribunal de Porto Alegre. Essa informação interessa aos moradores dos três estados sulinos, mas não a quem vive no Norte, no Nordeste, no Centro-Oeste ou no Sudeste. Mesmo uma cobertura mais restrita, que atinge apenas um estado, é considerada uma segmentação geográfica regional. Outro exemplo é a adoção da nota fiscal paulista pela Secretaria da Fazenda do Estado de São Paulo. Esse assunto importa somente para a população paulista.

---

[1] A Lava Jato, desencadeada em março de 2014, foi considerada a maior investigação de corrupção e lavagem de dinheiro da história do Brasil. Resultado de uma força-tarefa da Polícia Federal, do Ministério Público Federal e da Justiça Federal, a ação investigou e condenou centenas de políticos brasileiros, além de ministros, parlamentares e diretores de empresas públicas, como a Petrobras.

- **Local**: Diz respeito a notícias que interessam aos moradores de uma cidade ou um bairro, como mudanças relativas ao transporte coletivo municipal; abertura de vagas em creches mantidas pela prefeitura; e situações como o surgimento de uma cratera em uma rua movimentada de determinado bairro, dificultando a passagem de veículos.

  Existem produções segmentadas em notícias locais, como os jornais de bairro. Geralmente de distribuição gratuita, essas publicações impressas procuram garantir suas receitas com anunciantes também locais, dando espaço a empresas e a assuntos que não são cobertos por veículos regionais ou nacionais.

Alguns autores apontam o aumento do interesse por notícias locais. Brittos (1998), ao analisar a proliferação dos canais por assinatura, já afirmava essa tendência. Segundo o autor, um dos paradoxos da globalização é que, apesar da facilidade de acesso a programas e a conteúdos estrangeiros, sobretudo pela internet, percebe-se o crescimento do interesse do público por notícias locais e a queda de procura por notícias internacionais.

> Os canais abertos igualmente procuram incrementar o espaço local, como atesta o reforço que a própria Globo está desenvolvendo em seus telejornais locais. A ação do global nos Estados-nações não é uníssona. Identificam-se determinações recíprocas e desiguais. Assim, mesmo o local, o regional

e o nacional, com suas diversidades e identidades, diante da participação do mundial adquirem novos significados, modificando-se, em alguns momentos reafirmando-se. No caso da televisão, nestes tempos globalizados o que advém de espaço local traz também o transnacional, em sua forma de produção. (Brittos, 1998, p. 5-6)

Isso é notado também por Abiahy (2000), que, ao analisar as revistas brasileiras, percebeu que o número de capas relacionadas a assuntos internacionais vem caindo.

É importante ressaltarmos que, em um mesmo veículo, pode haver programas internacionais, nacionais, regionais e locais, o que é comum em emissoras de rádio e de televisão. A rádio Jovem Pan, por exemplo, tem um noticiário local e uma edição diária nacional. O mesmo ocorre na Rede Globo, que transmite telejornais estaduais (*Praça TV*) e nacionais (*Bom dia Brasil, Jornal Hoje, Jornal Nacional* e *Jornal da Globo*).

Nos meios *on-line*, a segmentação geográfica não está relacionada ao alcance do veículo, uma vez que se trata de uma rede mundial de computadores. Ainda assim, há *sites* que realizam a cobertura de assuntos nacionais e outros que abordam somente temas locais ou regionais, como um portal que divulga apenas notícias sobre o futebol baiano.

Para Schuch (2004), um assunto local pode se tornar nacional, de acordo com o valor-notícia[2]. Um assassinato cometido em um bairro de Fortaleza, por exemplo, pode tomar o noticiário nacional e até mesmo o internacional, dependendo das circunstâncias do homicídio e da notoriedade dos envolvidos.

Segundo esse autor, também é possível um assunto nacional receber cobertura regional. Imagine uma pesquisa do Instituto Brasileiro de Geografia e Estatística (IBGE) sobre o aumento do número de idosos no Brasil. Um noticiário nacional dá cobertura ao fato e, posteriormente, um jornal estadual regionaliza a mesma informação, apresentando dados relativos ao estado.

Para saber mais

Como mencionamos, a segmentação internacional exige, muitas vezes, o trabalho de um correspondente. Para quem almeja seguir essa carreira ou deseja aprofundar seus conhecimentos sobre essa vertente do jornalismo, sugerimos as leituras a seguir:

No livro *Direto de Paris: coq au vin com feijoada*, Milton Blay – que viveu na capital francesa por aproximadamente 40 anos – traz crônicas sobre sua experiência internacional. Ele foi correspondente

---

2   *Valor-notícia* é um conceito usado por estudiosos como o português Nelson Traquina (2004) para classificar quanto determinado fato ou assunto deve ser noticiado pela imprensa. Entre os valores estão atualidade, novidade, curiosidade, proeminência, interesse do público e notoriedade. Outros estudiosos se utilizam desse conceito para definir os critérios de noticiabilidade e, em alguns casos, para questioná-los.

dos seguintes veículos: revista *Visão*; jornal *Folha de S.Paulo*; e rádios *Capital*, *CBN*, *Eldorado* e *Rádio França Internacional*.

BLAY, M. **Direto de Paris**: coq au vin com feijoada. São Paulo: Contexto, 2014.

Na obra *Correspondente internacional*, Carlos Eduardo Lins da Silva fala da importância do profissional de imprensa que atua em outros países. O jornalista comenta sobre o desafio de informar as pessoas que viajam com frequência e também as que raramente o fazem, mas são afetadas pela globalização. Entre outras experiências, o autor foi colunista do jornal *Folha de S.Paulo* em Washington, nos Estados Unidos.

SILVA, E. L. da. **Correspondente internacional**. São Paulo: Contexto, 2011.

2.2
Segmentação por renda ou ocupação

A produção de material focado em pessoas de determinada classe econômica ou que exercem certa profissão também é uma maneira de segmentar o público nos meios de comunicação. Surge, então, a seguinte questão: É o jornalista quem deve definir como essa divisão ocorrerá? A resposta é não, a menos que ele seja também o dono do veículo. Tais decisões são tomadas normalmente pelos proprietários ou pela cúpula gerencial da empresa de comunicação. No entanto, é muito importante o jornalista entender sobre a segmentação por renda ou ocupação, pois a escolha das pautas e das fontes, a linguagem e a abordagem dos temas variam conforme o público.

Para exemplificar, consideremos dois jornais impressos que circulam na capital paranaense: *Jornal do Ônibus da Grande Curitiba*, que circula em terminais urbanos, e *Aeroporto Jornal*, distribuído no Aeroporto Internacional Afonso Pena.

Figura 2.2 – *Jornal do Ônibus da Grande Curitiba* e *Aeroporto Jornal*

As pautas e os anúncios do *Jornal do Ônibus da Grande* Curitiba indicam que a publicação é direcionada a pessoas menos favorecidas economicamente – no Brasil, o transporte coletivo geralmente é uma opção para quem não tem carro. O *Aeroporto Jornal*, por sua vez, apresenta matérias sobre viagens internacionais, grifes famosas, entre outros assuntos do interesse de pessoas com poder aquisitivo mais elevado.

Abiahy (2000, p. 18) destaca a segmentação por renda ou ocupação em periódicos voltados ao público feminino.

> No grupo das revistas femininas percebemos a especialização crescente dos temas. É como se dentro da classificação feminina existissem as genéricas, aquelas que abrangem na pauta uma gama de assuntos como comportamento, culinária, moda e decoração: *Nova, Cláudia, Elle, Desfile, Criativa, Marie Claire, Bárbara*. A variação nestas publicações é sobre o perfil das mulheres que pretendem atingir. O poder aquisitivo é um dos principais fatores que irão diferenciar as produções. Enquanto algumas revistas exploram em suas páginas matérias sobre moda que denotam o alto padrão de vida das leitoras, outras se preocupam em abordar problemas domésticos. Ou seja, enquanto uma mulher dispõe de tempo e dinheiro para usufruir os lançamentos da passarela, outra precisa de dicas para equilibrar o orçamento com economias na cozinha, por exemplo.

Esse fracionamento também é notório em revistas que tratam do ramo de negócios, como a *Exame*, a *Você S/A* e *a Exame PME*.

Boa parte das reportagens e dos artigos publicados na revista *Exame*[3] é voltada a proprietários de empresas, executivos ou investidores.

Por sua vez, a revista *Exame PME* é direcionada a pessoas que querem abrir o próprio negócio ou têm uma empresa de pequeno ou médio porte. Nesse caso, como o empreendimento é menor, o foco da publicação muda.

Já o público-alvo da revista *Você S/A* são profissionais que almejam crescer na carreira e conquistar novas oportunidade de trabalho.

Para realizar a segmentação por renda, boa parte do mercado publicitário e, consequentemente, os veículos de comunicação utilizam como base o critério de classificação econômica conhecido como *Critério Brasil*, estabelecido pela Associação Brasileira de Pesquisa (Abep, 2015).

A classificação não leva em conta a renda em si, mas a posse de bens de consumo, como automóvel e geladeira; o número de banheiros na residência; o acesso a serviços públicos, como saneamento básico e pavimentação das ruas; e o grau de escolaridade da pessoa de referência da família. Cada item tem uma

---

3   Com 700 mil leitores mensais, a revista *Exame* é uma das principais publicações brasileiras. Apresenta também uma versão digital, disponível em <http://exame.abril.com.br/> (Exame, 2017).

pontuação, e a somatória dos pontos obtidos indica a classe econômica do domicílio, conforme o Quadro 2.1.

Tabela 2.1. – Critério Brasil – versão 2015*

Variáveis	Quantidade				
	0	1	2	3	4 ou +
Banheiros	0	3	7	10	14
Empregados domésticos	0	3	7	10	13
Automóveis	0	3	5	8	11
Microcomputador	0	3	6	8	11
Lava-louça	0	2	4	6	6
Geladeira	0	2	3	5	5
Freezer	0	2	4	6	6
DVD	0	1	3	4	6
Microondas	0	2	4	4	4
Motocicleta	0	1	3	3	3
Secadora roupa	0	2	2	2	2
Escolaridade do chefe da família					
Analfabeto/Fundamental I incompleto					0
Fundamental I completo/ Fundamental II incompleto					1
Fundamental II completo/ Médio incompleto					2
Médio completo/Superior incompleto					4
Superior completo					7

Serviços públicos	Não	Sim
Água encanada	0	4
Rua pavimentada	0	2
Pontos de corte		
A	45-100	
B1	38-44	
B2	29-37	
C1	23-28	
C2	17:22	
DE	0-16	

Fonte: Adaptado de Abep, 2017.

Por meio de informações sobre os bens ou as ocupações do público, é possível conhecer seu estilo de vida e, assim, elaborar pautas que lhe interessem. A empresa jornalística procura veicular anúncios que tenham relação com esses hábitos, garantindo aos anunciantes o retorno esperado.

2.3
Segmentação por gênero

A segmentação por gênero diz respeito à produção jornalística voltada especificamente a homens ou a mulheres. Sendo assim, as pautas de tais produtos respeitam as particularidades de cada gênero. Embora essa ideia possa parecer sexista[4], nos concentramos em explicar o modo como essa segmentação é feita, sem debatermos os preconceitos que ela pode revelar, uma vez que não é esse o objetivo do livro.

∴ Segmentação para mulheres

Nos materiais produzidos para as mulheres, são comuns pautas sobre moda, beleza, relacionamento, culinária, saúde (com foco em emagrecimento), criação de filhos, carreira profissional, bastidores da televisão, entre outras. Scalzo (2011) afirma que, desde o surgimento das revistas, há uma segmentação por gênero, especialmente em razão das chamadas *revistas femininas*.

A partir da década de 1950, essas publicações passaram a identificar as mulheres não apenas como audiência de notícias, mas também como possíveis consumidoras de produtos de moda, decoração e beleza. Diante desse potencial, ampliaram-se os investimentos em produtos jornalísticos voltados a elas. Segundo a autora, esse crescimento perdurou pelas décadas seguintes.

> Em 1961, para acompanhar não só a vida da mulher, que mudava, mas também a indústria de eletrodomésticos que nascia, surge *Claudia*. No início, não descola do modelo tradicional: novelas, artigos sobre moda, receita, ideias para

---

4   *Sexismo* é a atitude de discriminação fundamentada no sexo.

decoração e conselhos de beleza. Aos poucos, porém, começa a publicar seções que vão dando conta das mudanças na vida de mulher, como consultas jurídicas, saúde, orçamento doméstico e sexo. [...] Mas foi a jornalista e psicóloga Carmen Silva, colunista da *Claudia* desde 1963, quem começou de fato a mudar o jornalismo feminino. Sua coluna "A Arte de Ser Mulher" quebrou tabus e se aproximou de forma inédita das mulheres, tratando temas até então intocáveis, como a solidão, o machismo, o trabalho feminino, a alienação das mulheres, seus problemas sexuais. (Scalzo, 2011, p. 35)

Scalzo (2011) observa que, com a entrada em definitivo da mulher no mercado de trabalho – a partir dos anos 1970 –, o número de periódicos voltados ao público feminino cresceu, e temas ligados à vida profissional passaram a ser abordados com frequência.

No entanto, essa segmentação não é percebida apenas nos meios impressos. Há também programas televisivos direcionados ao público feminino, como o *Papo de Mãe*, cujo público-alvo são as mulheres que têm filhos.

Figura 2.3 – *Site* do programa televisivo *Papo de Mãe*

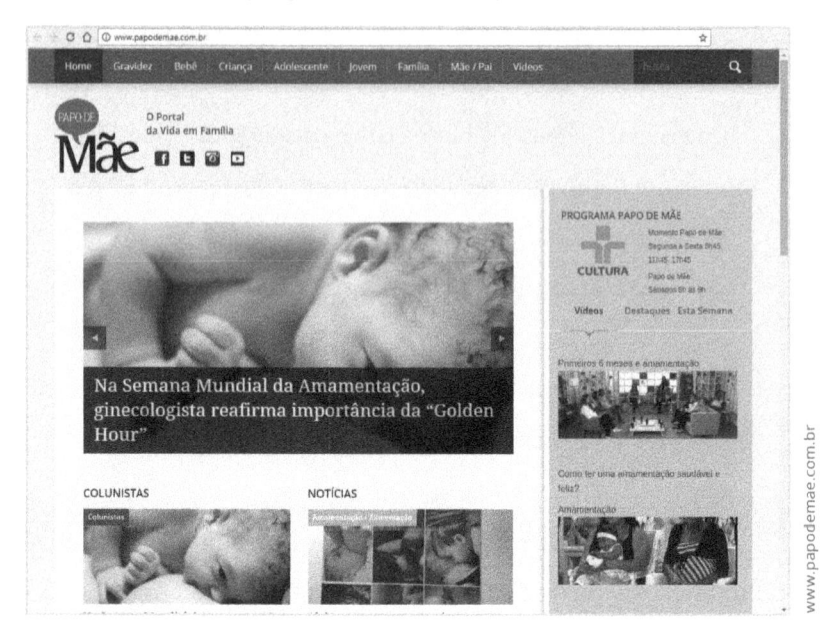

www.papodemae.com.br

De acordo com Kotler (2003), a segmentação demográfica é uma das melhores formas de separar os públicos em nichos. Nesse caso, há uma combinação de fatores, como mulheres de 25 a 35 anos que tenham filhos, sendo casadas ou não.

Na *web*, a segmentação por gênero também ocorre, sendo as mulheres o público-alvo de centenas de *sites*, os quais tratam, em geral, dos temas já mencionados. Nesse cenário, porém, há publicações que abordam tais assuntos sob outros enfoques, como o empoderamento feminino. Os *sites Não me Kahlo* e *Cientista que Virou Mãe*, além de discutirem o papel da mulher, seguem os moldes do jornalismo colaborativo, ou seja, diferentes autoras podem enviar seus textos por meio de uma plataforma.

Tipos de segmentação

Figura 2.4 – *Site Cientista que Virou Mãe*

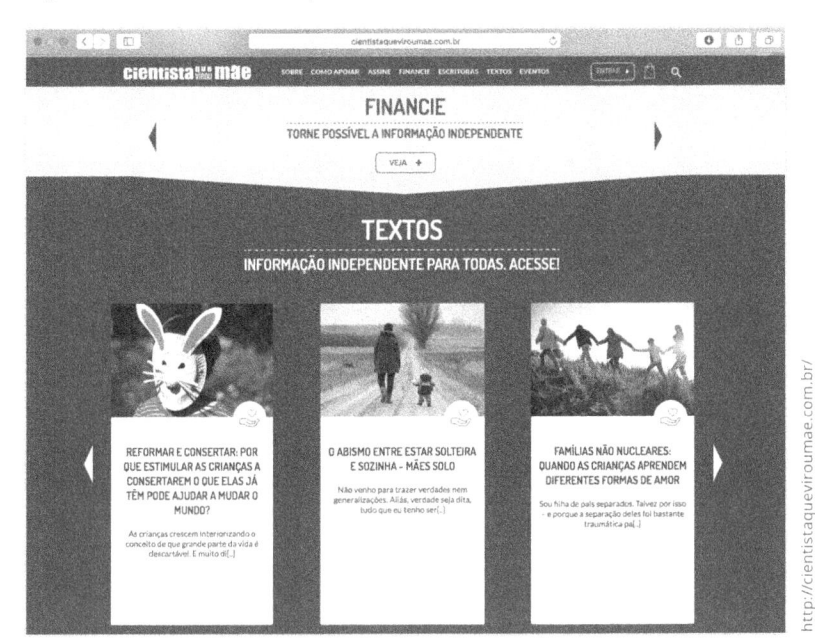

http://cientistaqueviroumae.com.br/

Para saber mais

Para se aprofundar nas discussões sobre a segmentação por gênero, sugerimos a leitura da obra *Imprensa feminina e feminista no Brasil: século XIX*, de Constância Lima Duarte. A autora traça um panorama das publicações voltadas às mulheres e aborda o papel dos veículos de comunicação na propagação do movimento feminista.

DUARTE, C. L. **Imprensa feminina e feminista no Brasil**: século XIX. Belo Horizonte: Autêntica, 2016.

∴ Segmentação para homens

As publicações voltadas ao público masculino abordam temas como carreira, saúde, automóveis, sexo e pornografia. Dois clássicos do gênero no Brasil são as revistas *Playboy* e *VIP*, que, além de apresentarem assuntos variados, exibem mulheres em ensaios sensuais.

Convém destacarmos ainda revistas internacionais que ganharam versão nacional, como a *Men's Health* – em tradução literal, *Saúde do Homem*. Na capa desse periódico, que trata de saúde, beleza, moda e desempenho sexual, não há mulheres, diferentemente da maioria das publicações masculinas.

Futebol e automobilismo são outras temáticas mais voltadas ao público masculino, embora as mulheres também se interessem por esses assuntos. Mais recentemente, as revistas masculinas passaram a investir em temas como gastronomia, comportamento e estilo de vida.

A exemplo do que ocorre na segmentação para mulheres, existem *sites* direcionados aos homens, como o *Papo de Homem*, que veicula notícias sobre temas variados.

É importante salientarmos que a segmentação por gênero pode contemplar diferentes orientações sexuais. Nos mais variados meios, existem publicações voltadas ao público LGBT (lésbicas, *gays*, bissexuais, travestis, transexuais e transgêneros).

2.4
Segmentação ideológica

Linha editorial é a visão do veículo de comunicação sobre diferentes aspectos da sociedade, com impacto na seleção de notícias e fontes e na forma como os textos jornalísticos são redigidos. Ao admitir a existência de uma linha editorial, a empresa jornalística demonstra ao público que sua cobertura não é imparcial, mas segue uma ideologia.

O termo *ideologia* surgiu no século XVIII e faz referência a ideias ou pensamentos sobre algo ou alguém. Alguns veículos manifestam claramente suas visões políticas, econômicas e sociais e, assim, conquistam – ou afugentam – sua audiência. Embora a maioria deles tenha alguma ideologia, nesta seção abordamos apenas aqueles que a tem como forma de segmentação.

Primeiramente, discorreremos sobre o *site Brasil de Fato*, fundado em 2003 por movimentos populares brasileiros.

Com o *slogan* "Uma visão popular do Brasil e do mundo", o veículo – que tem um posicionamento ideológico marcante – divulga notícias do ponto de vista social.

> Por entenderem que, na luta por uma sociedade justa e fraterna, a democratização dos meios de comunicação é fundamental, movimentos populares criaram o Brasil de Fato para contribuir no debate de ideias e na análise dos fatos do ponto de vista da necessidade de mudanças sociais em nosso país.
> (Brasil de Fato, 2017)

Figura 2.5 – *Brasil de Fato*, um exemplo de segmentação ideológica

Outra adepta dessa linha, que expõe o ponto de vista da população, conhecida como *jornalismo alternativo*[5], é a *Agência Pública*. Criado em março de 2011, o veículo se intitula uma "agência de reportagem e jornalismo investigativo" (Agência Pública, 2017). Segundo Carvalho (2014, p. 132), o projeto é financiado por "três grandes organizações internacionais:

---

5   O jornalismo alternativo difere-se do chamado *jornalismo comercial*, em que o foco da empresa é a obtenção de lucro. Não é apenas a questão financeira que o define, mas também a seleção de pautas, por meio das quais se busca romper "com o cerco das agendas de fontes oficiais, pela plena referência na produção das informações no sujeito cidadão e não no sujeito-consumidor" (Oliveira, 2009, citado por Carvalho, 2014, p. 129).

Tipos de segmentação

Fundação Ford (EUA), Omidyar Network (Inglaterra) e Open Society Foundantions (EUA)", e recebe recursos de financiamento coletivo, conhecido como *crowdfunding*.

Figura 2.6 – Página inicial da Agência Pública

Agência Pública
apublica.org

De acordo com o autor, a Agência Pública atua em parceria com grupos nacionais e internacionais, como a WikiLeaks[6], e distribui conteúdo a 54 veículos de comunicação, entre eles a revista *CartaCapital* e o *site Huffington Post*, ou *HuffPost*, sobre os quais falaremos adiante, por também se enquadrarem na segmentação ideológica.

---

6 "A WikiLeaks é uma organização de mídia multinacional e biblioteca associada. Foi fundada por seu editor Julian Assange em 2006. A WikiLeaks é especializada na análise e na publicação de grandes conjuntos de dados de materiais oficiais censurados ou restritos que envolvem guerra, espionagem e corrupção. Até agora, publicou mais de 10 milhões de documentos e análises associadas" (WikiLeaks, 2017, tradução nossa).

Ainda sobre a Agência Pública, Carvalho (2014, p. 133) descreve as pautas cobertas pelo veículo:

> Os temas mais comuns tratados pela Agência Pública são os relacionados a direitos humanos. Além deste, outros 7 temas dão norte ao trabalho e que [sic] constituem uma espécie de editoria ou sessão do site. São eles[:] Amazônia, Ditadura, Empresas, Internacional, Meio Ambiente, Transparência e *WikiLeaks*. Também são produzidos vídeos de caráter documental que podem acompanhar ou não as reportagens. Recentemente o grupo também instituiu a sessão Copa Pública, onde foram publicados conteúdos referentes à Copa do Mundo no Brasil. Há ainda a sessão [sic] "da redação", que se constitui em artigos publicados pela equipe a respeito dos mais variados temas. A disposição desta sessão [sic] se diferencia das demais por seguir a estrutura de blog, com conteúdos postados em sequência por ordem cronológica e de gênero opinativo.

O jornalismo alternativo pode ser considerado uma especialização jornalística. De todo modo, encaixa-se na segmentação ideológica, pois visa alcançar um público com aderência a essas temáticas, nem sempre abordadas pela imprensa comercial.

Como citamos, o site *Huffington Post* é um importante nome no que se refere à segmentação ideológica. Fundado em 2005, nos Estados Unidos, como um agregador de *blog*, atualmente está presente em sete países. No Brasil, associou-se ao Grupo Abril, empresa dedicada à produção jornalística comercial; portanto, essa parceria é outro indicativo de separação por nichos. A página realiza a "cobertura de direitos humanos, mulheres, LGBT, ruas, viral" (HuffPost Brasil, 2017).

Outra rede de comunicação que merece destaque é a *Mídia Ninja* (narrativas independentes, jornalismo e ação), conhecida principalmente por seu ativismo sociopolítico. Criado em 2011, o grupo ganhou visibilidade a partir de 2013, em virtude da transmissão dos protestos ocorridos no Brasil naquele ano. Geralmente, dissemina visões contrárias ao capitalismo em seu *site* e nas redes sociais.

> A Mídia NINJA é uma rede de comunicação livre, que se organiza por todo [o] Brasil e pelo mundo, com milhares de participantes em diferentes níveis de envolvimento. Há integrantes com dedicação integral e exclusiva, que moram nas Casas Coletivas do Fora do Eixo e[,] além de produzirem conteúdo, são os responsáveis pela gestão e sustentabilidade da Mídia NINJA. E há os colaboradores voluntários, fixos e pontuais, que contribuem com a rede de acordo com sua disponibilidade, atuando na produção – e[,] em alguns casos, na edição de conteúdo. (Mídia Ninja, 2017)

Figura 2.7 – Publicação no site da *Mídia Ninja*

Para realizar suas atividades, a *Mídia Ninja* recebe recursos de financiamento coletivo e doações de pessoas que se identificam com a causa. Em sua página, afirma o seguinte:

> O recurso será utilizado para estruturar a ação da Mídia NINJA e dar sustentabilidade a [sic] rede. Com ele pode-se qualificar ainda mais a produção de conteúdo, investir em novos equipamentos, realizar reportagens especiais e aprimorar as estruturas coletivas de moradia, transporte e alimentação. (Mídia Ninja, 2017)

Entre os veículos comerciais com forte posicionamento ideológico está a revista *CartaCapital*, criada pelo jornalista Mino Carta, que também é um dos fundadores da revista *Veja*. É financiada, principalmente, por anúncios de empresas estatais e conta com um *mídia kit*[7] em sua *homepage*, no qual consta que tal periódico é uma "Alternativa ao pensamento único da imprensa brasileira" (Mídia kit..., 2017).

> **CartaCapital** nasceu calçada no tripé do bom jornalismo, aquele baseado na fidelidade à verdade factual, no exercício do espírito crítico e na fiscalização do poder onde quer que se manifeste.
>
> [...]
>
> Na internet, seguimos firmes na linha editorial progressista e transparente que consagrou a revista, de olho na sensível questão dos direitos humanos e abrindo espaços para causas nem sempre contempladas pela imprensa brasileira.
>
> Essa postura rendeu frutos. O engajamento dos leitores e o alcance de nosso conteúdo digital superam veículos jornalísticos bem maiores.

https://www.editoraconfianca.com.br/formatos_html/assets/midia-kit-cartacapital--2016.pdf

Conforme a descrição, a *CartaCapital* seria uma opção para os leitores que querem conhecer outras versões dos fatos – diferentes das apresentadas pela chamada *grande imprensa* –, com foco

---

7   O termo *mídia kit* é usado para definir um material disponibilizado pelos veículos de comunicação para atrair anunciantes. Em geral, mostra os números da audiência do meio e os valores dos anúncios.

na questão dos direitos humanos, nos movimentos populares e numa cobertura política crítica.

Em uma possível comparação, as versões da *CartaCapital* contradizem as da *Veja*[8] – a revista de maior circulação no Brasil, com 1 milhão de exemplares vendidos por mês.

No entanto, é preciso ressaltar que a revista *Veja* circulou por diferentes posições desde que foi criada, em 1968. Marcado por coberturas políticas – inclusive dos bastidores –, o periódico se alterna entre apoiador e crítico do governo vigente. Na história recente, posicionou-se de forma contrária ao Partido dos Trabalhadores (PT), que governou o país de 2003 a 2016.

> Sob o ponto de vista editorial, a revista *Veja* se tornou conhecida por sua postura neoliberal, com opiniões expressas por meio dos editoriais e reportagens desfavoráveis à participação do Estado na economia e em defesa de um mercado livre. A publicação também é alvo de atenção acerca de suas posturas políticas como, por exemplo, de defesa do ex-presidente Fernando Collor de Melo durante o processo eleitoral contra o então sindicalista e hoje também ex-presidente Luiz Inácio Lula da Silva. (Fernandes, 2012, p. 14)

---

[8] Embora seja considerada um veículo de informação geral, a revista Veja, pelo discurso e posicionamento ideológico que manifesta, tem características que a segmentam, não apenas pela renda da audiência, representada por classes mais abastadas, mas também por suas ideias. Para conhecer nossa análise sobre esse assunto, consulte Fernandes (2012).

Tipos de segmentação

Segundo Benetti (2007, p. 42), a *Veja* se enquadra no rol dos veículos formadores de opinião, por alcançar legitimidade entre seus leitores.

> *Veja* não se enquadra nos gêneros tradicionais de texto jornalístico, notadamente na distinção entre jornalismo informativo e opinativo. Embora carregado de informação, seu texto é fortemente permeado pela opinião, construída principalmente por meio de adjetivos, advérbios e figuras de linguagem. *Veja* construiu, de si mesma, uma forte imagem de legitimidade para proferir saber – frente a um suposto não saber dos leitores, da população em geral e, em certos momentos, das próprias fontes.

A revista *Veja* recebe muitas críticas em razão de suas estratégias discursivas e da seleção de fontes, na medida em que não proporciona a chamada *contrainformação*, ou seja, outros lados da notícia. A publicação apresenta um posicionamento parcial diante dos objetos de cobertura, atraindo determinado público que se identifica com tais visões. Portanto, é considerada um veículo de segmentação ideológica.

Ainda com relação a esse tipo de segmentação, vale a pena destacarmos a *fanpage*[9] *O antagonista*, que apresenta

---

[9] *Fanpage* é o nome dado à página de empresas, organizações ou pessoas públicas criada no Facebook.

posicionamentos semelhantes aos da revista *Veja*, ou seja, contrários aos partidos políticos considerados de esquerda. A página ganhou popularidade pelo número de acessos tanto de pessoas que simpatizam com suas ideias quanto daquelas que as criticam. No *site* (O Antagonista, 2017) e, especialmente, nas redes sociais do projeto é possível perceber debates entre esses dois perfis de público.

Para saber mais

Para aprofundar seus conhecimentos sobre a segmentação ideológica dos veículos de comunicação, indicamos a leitura do livro *Imprensa negra no Brasil no século XIX*, de Ana Flávia Magalhães Pinto. A autora traz textos que elucidam como os negros utilizam espaços na imprensa para debater o racismo e outros problemas.

PINTO, A. F. M. **Imprensa negra no Brasil do século XIX**. São Paulo: Selo Negro, 2010.

Perguntas & respostas

Se todos os veículos têm linha editorial, por que só alguns se enquadram na chamada *segmentação ideológica*?

A ideia de imparcialidade jornalística é um mito. Não que o jornalista queira distorcer ou manipular as informações; a maioria quer descrever o fato como ele realmente é. O problema é que o jornalista não reporta o fato, mas o relato, o qual depende do ponto de vista, das crenças, da criação e das memórias de cada um.

O ponto crucial é que alguns veículos de comunicação explicitam suas posições ideológicas, buscando atrair um público que simpatize com suas visões, o que acaba por separar as pessoas que se interessam por determinado noticiário daquelas que não se interessam. É justamente isso que caracteriza a segmentação ideológica.

Síntese

Neste capítulo, abordamos as principais formas de segmentação adotadas pelos veículos jornalísticos.

A segmentação geográfica refere-se à separação dos públicos de acordo com o local onde vivem ou trabalham ou conforme o alcance do veículo. O mercado é dividido em diferentes áreas geográficas: local, regional, nacional e internacional.

Com relação à segmentação por renda ou ocupação, destacamos as publicações que buscam atingir um público de determinada classe econômica ou que exerce certa profissão. Há jornais impressos direcionados às pessoas que utilizam o transporte coletivo e outros voltados a quem viaja de avião, por exemplo, assim como publicações voltadas a setores específicos.

A segmentação por gênero diz respeito à produção jornalística voltada a homens ou a mulheres, podendo contemplar diferentes orientações sexuais – por exemplo, publicações direcionadas ao público LGBT.

Por fim, a segmentação ideológica refere-se à manifestação de visões políticas (de direita ou de esquerda, por exemplo), econômicas e sociais.

Questões para revisão

1. Explique, de forma sucinta, as segmentações geográfica, por renda, por ocupação, por gênero e ideológica.

2. Considerando a segmentação por renda ou ocupação nos veículos de comunicação, explique a relação entre esses dois conceitos.

3. "No grupo das revistas femininas percebemos a especialização crescente dos temas. É como se dentro da classificação feminina existissem as genéricas, aquelas que abrangem na pauta uma gama de assuntos como comportamento, culinária, moda e decoração: *Nova, Cláudia, Elle, Desfile, Criativa, Marie Claire, Bárbara*" (Abiahy, 2000, p. 18).

75) Tipos de segmentação

Com relação à segmentação por renda ou ocupação, sobretudo aos veículos dirigidos ao público feminino, analise as sentenças a seguir:

I) As revistas femininas oferecem ao seu público temas cada vez mais específicos a determinados grupos de mulheres. Nem todas cozinham ou trabalham em casa. Por isso, as publicações se segmentam: algumas são voltadas às mulheres que atuam no mercado de trabalho, e outras, às que trabalham dentro de seus lares.

II) Embora as revistas femininas tenham como público-alvo as mulheres, a variedade de pautas altera-se de acordo com o perfil dessa mulher, podendo-se considerar também seu nível de renda ou ocupação.

Assinale a alternativa correta:

a) A sentença I é verdadeira e a II é falsa, não havendo relação entre elas.
b) A sentença II é verdadeira e a I é falsa, não havendo relação entre elas.
c) Ambas as sentenças são verdadeiras, e a II justifica a I.
d) Ambas as sentenças são verdadeiras, não havendo relação entre elas.
e) Ambas as sentenças são falsas, não havendo relação entre elas.

4. Sobre a segmentação ideológica, assinale V nas afirmações verdadeiras e F nas falsas:

    ( ) O termo *ideologia* surgiu no século XVIII e faz referência a ideias ou pensamentos sobre algo ou alguém.

    ( ) Ao manifestarem claramente suas visões políticas, econômicas e sociais, alguns veículos conquistam – ou afugentam – sua audiência.

    ( ) Alguns veículos não se enquadram no conceito de *segmentação ideológica* por serem imparciais e, portanto, não seguirem uma ideologia.

    ( ) O jornalismo alternativo encaixa-se na segmentação ideológica, pois visa alcançar um público com aderência a temáticas nem sempre abordadas pela imprensa comercial.

    ( ) Apesar de apresentar um posicionamento parcial diante dos objetos de cobertura, a revista *Veja* não se enquadra no jornalismo ideológico, por ser um veículo que busca informações gerais e cobre diferentes editorias.

5. Classifique as notícias a seguir com base no conceito de *segmentação geográfica*:

Governo vai liberar R$15,9 bi para saque do Pis/Pasep

O governo decidiu liberar 15,9 bilhões de reais em recursos do Pis/Pasep para trabalhadores, medida semelhante à feita recentemente em contas inativas do FGTS, com o objetivo de injetar mais recursos na economia e estimular a atividade.

Segundo o ministro do Planejamento, Dyogo Oliveira, a decisão virá por meio de medida provisória e vai beneficiar 8 milhões de pessoas, cuja maioria tem ao menos 750 reais para ser resgatado.

Fonte: Reuters, 2017.

Em novo livro, Hillary fala de sua "repulsa visceral" por Trump

Democrata comenta o seu fracasso na campanha presidencial e os motivos que, acredita, a levaram a perder, principalmente pela suposta interferência russa.

Em um novo livro que será lançado no próximo mês, a democrata Hillary Clinton não oculta seu desprezo pelo republicano Donald Trump, homem que a derrotou nas eleições presidenciais de 2016. Seu fracasso na disputa é o tema da publicação.

Intitulado *What Happened*, o livro sairá à venda no dia 12 de setembro, nos Estados Unidos. As primeiras páginas, de dois trechos curtos, foram reveladas nesta quarta-feira, 23, pela rede MSNBC e confirmam a vontade da ex-candidata democrata de atacar seu ex-adversário por seu machismo e conduta indigna.

Fonte: Em novo..., 2017.

Em obras, Mateus Leme tem desvio de ônibus no Centro Cívico

Nesta quarta-feira (23/8), os desvios das linhas de ônibus da Rua Mateus Leme, no Centro Cívico, são feitos pelas ruas Comendador Lustosa de Andrade, Nilo Peçanha eEwaldo Wendler, retornando em seguida para a Mateus Leme.

Os desvios ocorrem apenas no sentido bairro/Centro, devido a obras de fresagem e recape para revitalização da via, e só ocorre no período dos trabalhos.

Fonte: Em obras..., 2017.

TJMG envia projeto que muda carreira e organização judiciária à Assembleia

O projeto passa a permitir que juízes parentes atuem na mesma comarca em entrâncias especiais. Atualmente isso só ocorre na capital

O Tribunal de Justiça de Minas Gerais encaminhou à Assembleia Legislativa projeto de lei complementar que modifica a lei de organização e divisão judiciárias do estado. Entre outras mudanças propostas, o texto altera regras da carreira dos juízes, segundo o ofício, para garantir isonomia entre juízes.

O texto, de autoria do presidente do Tribunal de Justiça (TJMG), desembargador Herbert Carneiro, estende a todos os juízes que atuam em entrâncias especiais a autorização já existente na capital, para que magistrados casados ou parentes até terceiro grau possam servir na mesma comarca.

Juliana Cipriani 23/08/2017 Jornal Estado de Minas

Fonte: Cipriani, 2017.

Forças Armadas vão patrulhar as ruas do Rio

O ministro da Defesa Raul Jungmann informou, na noite desta sexta-feira, que as Forças Armadas voltarão a patrulhar as ruas do Rio pela segunda vez em 2017. Agora, segundo o ministro, o efetivo do Exército, Marinha e Aeronáutica ficará até dezembro de 2018. No início de fevereiro, a pedido do governador Luiz Fernando Pezão, nove mil homens foram destacados para a função durante nove dias.

Na ocasião, com a Garantia da Lei e Ordem (GLO), os militares patrulharam a orla da Zona Sul da cidade e vias expressas, como a Avenida Brasil e Transolímpica, além de pontos de Niterói e São Gonçalo, na Região Metropolitana.

Fonte: Forças..., 2017.

Assinale a alternativa que corresponde à sequência correta:

a) internacional, internacional, regional, local, local.
b) nacional, internacional, local, regional, local.
c) regional, regional, local, regional, nacional.
d) nacional, internacional, local, regional, nacional.
e) nacional, internacional, local, regional, regional.

Capítulo
03

Principais temas de especialização

Conteúdos do capítulo:

- Jornalismo político.
- Jornalismo econômico.
- Jornalismo esportivo.
- Jornalismo ambiental.
- Jornalismo cultural.
- Jornalismo de *games*.
- Jornalismo empresarial ou institucional.

Após o estudo deste capítulo, você será capaz de:

1. perceber diferentes possibilidades de especialização temática;
2. aprender conceitos das especializações tradicionais do jornalismo, como política, economia e cultura;
3. identificar novas possibilidades de especialização, como jornalismo de *games*, esportivo e de negócios;
4. propor ações ligadas ao jornalismo empresarial ou institucional.

A quantidade de temas de especialização jornalística é imensa e, especialmente no meio *on-line*, surgem cada vez mais subespecializações. Por exemplo: nos dias atuais, há dezenas – ou talvez centenas – de especialidades inseridas no jornalismo esportivo. Há canais televisivos que só transmitem lutas, outros que cobrem apenas esportes radicais, e assim por diante. Existem também diversos *sites* que divulgam informações sobre modalidades específicas, como tênis, esgrima e natação.

Essas superespecializações permitem ao jornalista trabalhar cada assunto de maneira particular e aprofundada. A existência de um público que se interessa por determinado assunto, mas não se satisfaz com as informações veiculadas pela imprensa em geral, fortalece a especialização jornalística.

É nesse aspecto que reside a importância do jornalismo especializado, enquanto oportunidade de trabalhar uma linguagem que não possui o caráter homogêneo que tenta se adaptar a um padrão médio. É isto que percebemos nas produções segmentadas, cada veículo constrói uma linguagem e busca uma intimidade com o público investindo em uma temática específica. (Abiahy, 2000, p. 25)

Entre as temáticas específicas destacam-se aquelas que buscam ajudar ou orientar o público. As publicações sobre decoração, culinária, família e saúde, por exemplo, apresentam notícias sobre tendências e, principalmente, orientações.

O *site Guia de Mídia* categoriza as revistas brasileiras (impressas ou digitais) em 72 temas, conforme o quadro a seguir.

Quadro 3.1 – Temas de revistas brasileiras

Adolescentes	Agronômicas	Animais	Arquitetura
Artes	Atualidades	Autos	Automobilismo
Aventuras	Aviação	Aves	Bebês
Beleza	Carros	Ciclismo	Cinema
Culinária	Cultura	Decoração	De bordo
Diversas	Ecológicas	Economia	Educação
Embalagens	Esotéricas	Esportes	Esportes radicais
Estudantes	Família	Femininas	Fotografias

(continua)

(Quadro 3.1 – conclusão)

Gastronômicas	*Games* e jogos	Gestantes	Revistas imprensa
Industriais	Infantil	Informática	Internacionais
Jovens	Jurídicas	Lanç. produtos	Logística
Marketing	Medicina	Motociclismo	Moda
Motos	Músicas	Negócios	Portos
Pesca	Propaganda	Publicidade	Regionais
Religiosas	RH	Saúde	Semanais
Supermercados	Teatro	Tecnologia	*Teens*
Telecomunicações	Transporte	Turismo	TV
Varejo	Variedades	Vídeos e DVDs	Viagens

Fonte: Adaptado de Guia de Mídia, 2017.

Cada um desses temas se desdobra em especializações jornalísticas. A seguir, discorremos sobre algumas dessas especializações. Convém ressaltarmos que algumas já têm certa tradição, como os jornalismos político, econômico, cultural e esportivo; porém, outras estão em franco crescimento, como os jornalismos ambiental e de *games*.

Para favorecer a compreensão do assunto, entrevistamos jornalistas especializados em algumas dessas áreas. Eles falaram sobre suas trajetórias profissionais e deram dicas a quem pretende ser um jornalista especializado.

3.1
Jornalismo político

Como o próprio nome diz, o jornalismo político caracteriza-se pela cobertura de assuntos ligados à política. As pautas dessa especialização jornalística referem-se a: atividades dos partidos políticos, bastidores, articulações, convenções, alianças e definições ligadas a eleições. Além disso, muitos *jornalistas políticos*, como são chamados, cobrem o dia a dia dos poderes Executivo e Legislativo.

Em jornais e revistas, as editorias especializadas em política geralmente recebem nomes como "Brasil", "Política", "Poder", "Cidadania" ou "Nacional". Além de conhecer as técnicas de produção jornalística comuns a todas as áreas, o profissional que atua no jornalismo político precisa entender o funcionamento do sistema de gestão pública e dos partidos; a composição dos poderes Executivo, Legislativo e Judiciário; o processo eleitoral; e as correntes políticas.

Para todo jornalista, é fundamental ter boas fontes, mas, na área política, isso é ainda mais importante. Muitas pautas do noticiário político surgem de informações exclusivas, muitas vezes passadas em *off*, com o acordo de manter a fonte em sigilo.

Em muitos casos, o jornalista político realiza a análise de fatos e discute tendências e probabilidades, o que pode ser interpretado como especulação. Para evitar essa impressão, o profissional precisa estar sempre bem informado, dispor de informações de bastidores e conhecer o processo político.

Além disso, o jornalismo político exige posicionamento ético. Vale explicarmos que essa vertente não tem qualquer ligação com assessoria política, embora muitos profissionais iniciem suas carreiras em veículos comerciais e, ao se especializarem em política, migrem para assessorias de imprensa na área. É o caso do jornalista Franklin Martins, que, após atuar em veículos de comunicação como a Rede Globo, o Portal iG e a Rede Bandeirantes, foi ministro-chefe da Secretaria de Comunicação Social do Brasil de 2007 a 2010, durante o Governo Lula. Em seu livro *Jornalismo político*, Martins (2009) aborda algumas questões éticas, como não receber presentes de fontes e tomar cuidado com as informações em *off*. O autor também afirma que, não obstante ser comum a presença de opinião no jornalismo político, é a **interpretação** que deve prevalecer.

> O jornalismo político no Brasil passou por grandes transformações nas últimas décadas. A mais importante delas é que, hoje em dia, a maior preocupação da cobertura é informar o leitor, e não o convencer a adotar determinadas ideias. [...] Na maioria dos casos, não basta apenas dar a notícia, ou seja, transmitir a informação factual mais recente. É necessário qualificá-la, relacioná-la com outros fatos, explicar suas causas e avaliar suas possíveis consequências. Em suma, é preciso entregar aos leitores não apenas a notícia, mas também o que está por trás e em volta da notícia. Dito de outra forma, é preciso explicar, analisar, interpretar o que aconteceu. (Martins, 2009, p. 13-21)

Perguntas & respostas

Como deve ser a relação com a fonte no jornalismo político, já que muitas informações de bastidores dependem de anônimos?

Um conselho aos aspirantes a jornalista político é entender o jogo político que se utiliza da imprensa para "plantar" assuntos segundo seus interesses. É preciso também perceber que os informantes anônimos, conhecidos no jargão jornalístico como *fonte off-the-record* (sem gravação, em tradução literal), muitas vezes têm segundas intenções, especialmente no que se refere à costura de alianças eleitorais entre os partidos e à votação de matérias importantes no Legislativo.

Por isso, independentemente da fonte, o jornalista deve manter sua rotina de apuração e checagem das informações, duvidando sempre, e buscar o máximo de isenção durante a produção e a redação da notícia (nota, artigo ou reportagem). É fundamental ter em mente que o vínculo com a fonte não se trata de uma relação de amizade, mas sim profissional. Essa premissa é válida para todas as especializações, e não apenas para a política.

Para saber mais

O Instituto Legislativo Brasileiro (ILB) oferece cursos *on-line* e gratuitos sobre temas como doutrinas políticas, administração pública, orçamento público, política contemporânea e direito constitucional. A grade de cursos está disponível no *site* indicado a seguir:

BRASIL. Senado Federal. Escola de Governo, **Saberes**.
Disponível em: <http://saberes.senado.leg.br/>. Acesso em: 29 ago. 2017.

No livro *Notícias do Planalto: a imprensa e Fernando Collor*, Mario Sergio Conti discorre sobre os bastidores da cobertura política em Brasília, especialmente durante o período da eleição de Fernando Collor de Mello e de sua posterior renúncia para evitar o *impeachment*, na década de 1990. O autor também relata as negociatas em torno da publicação de reportagens envolvendo atores políticos.

CONTI, M. S. **Notícias do Planalto**: a imprensa e Fernando Collor. São Paulo: Companhia das Letras, 1999.

3.2
Jornalismo econômico

O jornalismo econômico tem diferentes vertentes, as quais dependem da audiência. Segundo Kucinski (2007), são dois focos: (1) o grande público e (2) pequenos empresários ou especialistas, profissionais de mercado e grandes empresários. É essencial pensar na audiência para se definir o direcionamento das informações e o modo como estas serão repassadas, visto que um dos grandes desafios dessa atividade jornalística diz respeito à linguagem.

> A maioria dos leitores e dos telespectadores, mesmo os instruídos, como os estudantes universitários, não consegue decodificar o noticiário econômico. Para o grande público, a economia adquiriu, ao mesmo tempo, significados elementares ligados ao seu dia a dia, e outros abstratos, de difícil compreensão. O desafio de traduzir processos econômicos complexos em linguagem acessível não foi vencido, seja porque os processos econômicos se definem num outro plano de saber que não o do saber convencional, seja devido à sua instrumentalização ideológica crescente. (Kucinski, 2007, p. 14)

Por essa razão, os especialistas ou analistas de mercado tendem a ler os veículos especializados, e o público mais leigo opta pelo noticiário geral.

As correntes neoliberais têm se destacado no noticiário econômico atual, o que é evidenciado, segundo Kucinski (2007), por pautas sobre a menor intervenção do Estado na economia, a busca de sucesso financeiro e o ideal de possuir o próprio negócio.

As editorias de economia em grandes jornais e revistas brasileiros geralmente recebem nomes como "Economia", "Dinheiro", "Finanças" e "Negócios". O conteúdo dessas editorias, revelam que esses títulos indicam o foco da cobertura econômica, que muda de veículo para veículo. Alguns tratam, por exemplo, de macroeconomia, ou seja, das políticas econômicas internacionais ou nacionais e de seus impactos, como taxa de juros, política cambial (valor da moeda), balança comercial (diferença entre importações e exportações) e investimentos.

Alguns veículos produzem notícias voltadas principalmente às finanças pessoais e ao mercado de trabalho, ou seja, ao impacto da situação econômica para as pessoas "comuns". Há também aqueles que focam no mercado financeiro, abordando assuntos como a bolsa de valores, ou que enfatizam o impacto da situação econômica para empresas e empresários – uma visão mais relacionada aos negócios propriamente.

No jornalismo econômico, além de título, texto e imagens, a notícia deve apresentar elementos que ajudem o público a compreendê-la. Entre esses recursos, destacam-se os **infográficos**, uma vez que as estatísticas têm grande importância no noticiário econômico. O **jornalismo de dados** é outro recurso bastante usado; nesse trabalho voltado à pesquisa e à investigação de números, o profissional filtra e analisa os materiais estatísticos que podem se tornar notícia.

Há muitos veículos especializados em economia. No campo internacional, destacam-se a revista *Forbes*[1] e os jornais *Financial Times* e *The Wall Street Journal*. No Brasil, atualmente, estão em evidência as revistas *Exame*, *Exame PME* e *Você S/A* e o jornal *Valor Econômico*. Na *web*, o número de produções nessa área é significativo, as quais são veiculadas tanto em *blogs* quanto em grandes portais, como o *Infomoney*.

Nos dias atuais, vem ganhando espaço no jornalismo econômico a área de negócios globais, que trata de transações comerciais entre países e traz informações internacionais que auxiliam importadores e exportadores na tomada de decisões. Há ainda publicações direcionadas a investimentos; a novos negócios ligados à tecnologia, como as *startups*; e ao agronegócio, em razão da vocação agrícola do país.

Há também áreas específicas dentro de uma especialidade. Rodrigo Capelo Nunes (RCN) especializou-se na relação entre negócios e esportes e atua como jornalista econômico na editoria de esportes. Em janeiro de 2017, o jornalista nos concedeu uma entrevista exclusiva em que explica o funcionamento dessa subespecialização.

---

[1] A revista *Forbes* disponibiliza uma versão em português em: FORBES BRASIL. Disponível em: <http://www.forbes.com.br/>. Acesso em: 29 ago. 2017.

Conte-nos sua trajetória na cobertura de assuntos ligados a esportes e negócios. Como ingressou e se desenvolveu nessa área?

RCN – Comecei a cobrir marketing esportivo na *Máquina do Esporte* como estagiário em 2010. Mantive a cobertura e o interesse na área em todos os veículos pelos quais passei – tive *blogs* especializados em todos. Não cheguei a fazer nenhum tipo de especialização acadêmica, mas me dediquei e me dedico bastante a estudar para combinar análises com a cobertura dos bastidores.

Quais são as principais características desse tipo de atuação?

RCN – Apesar de eu falar sobre esporte, sempre me considerei um jornalista econômico. Na minha rotina, inclusive, faço com frequência pautas sobre economia sem qualquer relação com esporte, para a *Época*. Enquanto um setorista [repórter dedicado à cobertura diária de um clube] está fisicamente dentro do clube, próximo das fontes, interessado em pautas ligadas ao futebol, eu fico a maior parte do tempo na redação, em contato com fontes nas diretorias de clubes, empresas etc.

Como você avalia o cenário do jornalismo esportivo hoje no Brasil? E no mundo?

RCN – Avalio com certo desânimo. As redações de veículos tradicionais estão cada vez mais enxutas e, nessa toada, a editoria menos importante para jornalões acaba sendo a esportiva. *Folha*, *Estadão* e *O Globo* não têm mais a estrutura para cobrir esporte que tinham antigamente. Revistas como *Veja*, *Época* e *IstoÉ* não cobrem esporte faz tempo. Revistas especializadas, como a *Placar*, estão em decadência. Tudo isso reflete na quantidade de empregos para os jornalistas. Os novos veículos que surgem, sobretudo na internet, são em geral maldirecionados, porque são comandados por jornalistas muito jovens. Há no Brasil uma crise econômica generalizada, uma crise no jornalismo e uma crise no jornalismo esportivo, cada uma diferente da outra. É um péssimo momento para ser jornalista esportivo.

Qual é o foco da cobertura de assuntos ligados a esportes e negócios?

RCN – O meu foco é ajudar o torcedor a entender por que o esporte é como ele é, por que uns ganham e outros perdem. O dinheiro é uma parte essencial, mas nem sempre é simples de entender. Por isso, cubro temas ligados a economia, marketing, finanças, gestão, política. Não sei quem vai jogar no fim de semana, nem se tal jogador é melhor do que outro, mas sei quais são os patrocinadores, quanto eles pagam, quais clubes têm mais dinheiro e, consequentemente, quais têm maior resultado dentro de campo. Quanto à linha editorial, não me obrigo a cobrir quase nada – apenas casos estratosféricos, como a saída do presidente da Fifa por corrupção, e mesmo assim com a tentativa de ter uma análise original. Aposto sempre em pautas exclusivas e/ou relevantes.

Que dicas você daria a um jornalista que deseja se especializar em alguma área ou subárea, como é o seu caso?
RCN – Sugiro foco em reportagem, porque temos pitaqueiros demais e repórteres de menos no mercado. Sugiro muita leitura, muito estudo, preferencialmente de fontes estrangeiras, para encontrar ideias que ainda não chegaram ao mercado brasileiro. Sugiro participação contínua em redes sociais para que os leitores o reconheçam como interessado/referência na área em que decidiu se especializar. Sugiro encontrar e se relacionar, mesmo que virtualmente, com outros influenciadores mais ou menos estabelecidos na área. Sugiro aproveitar as facilidades das novas tecnologias e experimentar novos formatos: vídeos no YouTube, Periscopes no Twitter, transmissões ao vivo no Facebook. Com foco e dedicação, é possível ir longe e cavar um espaço entre os leitores.

> **Rodrigo Capelo Nunes** é jornalista formado na Universidade de Santo Amaro (Unisa), com experiência profissional nos veículos *Máquina do Esporte*, *Época Negócios*, *Globo Esporte* e *Época*, além de ter colaborado pontualmente com a *Placar* e a *GQ*. Além do jornalismo com foco em negócios, ele comenta sobre o cenário do jornalismo esportivo em geral no Brasil.

Para saber mais

A leitura da obra *Jornalismo econômico*, de Bernardo Kucinski, é fundamental para quem quer se especializar em jornalismo econômico. O autor explica conceitos econômicos com vistas a ajudar os jornalistas a escreverem textos sobre essa área. Além disso, trata de assuntos como planos econômicos, inflação, balança de pagamentos e investimento estrangeiro.

KUCINSKI, B. **Jornalismo econômico**. São Paulo: Edusp, 2007.

3.3
Jornalismo esportivo

É notável o interesse de muitos estudantes de jornalismo em atuar na cobertura de esportes. Nos primeiros anos de graduação, eles se animam com a ideia de participar do dia a dia do seu clube do coração ou de cobrir as Olimpíadas ou a Copa do Mundo.

Não é difícil compreender tal interesse, já que vivemos em um país onde o esporte tem muita visibilidade, especialmente o futebol, e muitas crianças crescem batendo bola, na escola, na rua ou em casa. Em razão desse convívio com o esporte, aliado ao hábito de assistir a partidas pela televisão, o jornalismo esportivo surge como opção profissional para muitas pessoas.

Entende-se por *jornalismo esportivo* a cobertura de diferentes modalidades e competições; a realização de reportagens sobre a prática de exercícios físicos por profissionais ou amadores; e o acompanhamento de políticas públicas ligadas ao esporte.

A atividade do jornalista confunde-se, muitas vezes, com a do cronista esportivo, que nem sempre é um profissional da imprensa graduado, mas narra jogos, comenta partidas e acompanha o dia a dia dos clubes.

É aí que muitos se frustram: existe certa desvalorização do jornalista na cobertura esportiva, já que a atividade é realizada por profissionais de diferentes áreas, ex-jogadores, ex-técnicos e cronistas. Nosso intuito não é depreciar o trabalho dos cronistas, que certamente têm sua importância, mas ressaltar que o jornalista concorre com esses profissionais no mercado de trabalho. Portanto, é preciso diferenciar o trabalho realizado pelo jornalista esportivo do executado pelo cronista.

Segundo Coelho (2013), a cobertura esportiva está cheia de "palpiteiros". A fim de desfazer essa imagem, o jornalista deve se utilizar dos valores, atributos e conhecimentos da profissão para produzir reportagens que vão além das rotinas de treino dos clubes. Para se destacar, ele precisa vasculhar; descobrir novidades; e executar reportagens especiais sobre a vida dos atletas, a história das modalidades, pesquisas científicas ligadas ao esporte, entre outras, fazendo uma cobertura aprofundada e analítica dos bastidores. Neste ponto, convém mencionarmos a postura de Rodrigo Capelo Nunes (retome a Seção 3.3), que produz textos sobre negociações de jogadores entre clubes, a divisão da verba publicitária nos campeonatos e os bastidores das transações financeiras; assim, ele não atua como um "palpiteiro" e realiza um trabalho especializado, que o diferencia dos demais profissionais da área.

Quanto à linguagem, o jornalismo esportivo costuma levar em consideração o público em geral, que, por ser amante de esportes, está acostumado com os jargões de cada modalidade; por essa razão, nem todos os termos precisam ser explicados. Essa linguagem é marcada por construção coloquial, humor e alternância de informação com entretenimento. O objetivo é transmitir a mensagem de maneira descontraída, distinguindo as notícias esportivas daquelas mais duras, relacionadas a política, economia e segurança, por exemplo.

Além desse *infotenimento* – o uso de formas de entretenimento em materiais jornalísticos –, o noticiário esportivo apropria-se da emoção presente no esporte, advinda tanto dos atletas quanto dos torcedores. Essa emoção vira pauta e acaba sendo ressaltada nas reportagens.

> Esse tipo de cobertura sempre misturou emoção e realidade em proporções muitas vezes equivalentes. A conquista do título, a jogada brilhante, as histórias comoventes sempre fizeram parte do esporte. E sempre mereceram o tom épico que desapareceu das páginas de jornais e revistas e dos relatos de emissoras de rádio e televisão. (Coelho, 2013, p. 23)

Com relação aos veículos que se dedicam exclusivamente à cobertura de esportes, destacam-se os canais de televisão por assinatura, como ESPN[2], SporTV[3] e Band Sports. Há ainda aqueles segmentados em algumas modalidades, como o Canal Off, que cobre esportes radicais ou ligados à natureza, e o Canal Combate[4], que transmite artes marciais, mais especificamente lutas de MMA (do inglês *mixed martial arts*, ou "artes marciais mistas").

2   A cobertura de competições internacionais é uma das marcas da ESPN.
3   O SporTV pertence ao Grupo Globo e liderou a audiência da TV por assinatura no Brasil em 2016.
4   O Canal Combate e o Canal Off pertencem à Globo e ao SporTV.

Na internet, além das páginas desses canais, há centenas – ou talvez milhares – de *sites* de notícias e *blogs* especializados na cobertura de variadas modalidades esportivas, como futebol, tênis, automobilismo, basquete e ciclismo.

É preciso ainda destacar o rádio, tradicional meio de cobertura de esportes. Embora nesse veículo haja prevalência da crônica, muitas emissoras têm uma programação expressiva voltada à cobertura esportiva, especialmente do futebol. Isso ocorre tanto nas rádios AM e FM quanto nas webrádios.

Questão para reflexão

O jornalista Rodrigo Capelo Nunes, na entrevista concedida especialmente para este livro, afirma que "Os novos veículos que surgem, sobretudo na internet, são em geral maldirecionados, porque são comandados por jornalistas muito jovens". Em sua opinião, como o jovem jornalista pode se aplicar para minimizar esse efeito e direcionar melhor a prática do jornalismo esportivo?

Estudo de caso

Ao tratarmos do jornalismo esportivo, mencionamos a importância de o jornalista se distinguir dos "palpiteiros". A grande reportagem[5] "Bala e bola: o futebol nos três bairros mais violentos de Curitiba", publicada pelo jornal *Gazeta do Povo*, é um exemplo de como a atuação jornalística pode ir além da cobertura de competições e do dia a dia dos clubes. O jornalista André Pugliesi, repórter e blogueiro da editoria de esportes, realizou um levantamento sobre projetos sociais que envolvem o futebol nos bairros considerados mais violentos da capital paranaense. Para isso, cruzou dados da Secretaria de Estado da Segurança Pública (Sesp) e da Secretaria Municipal do Esporte, Lazer e Juventude (SMELJ) e ouviu coordenadores dos projetos, professores das escolas de futebol e familiares das crianças que participam das atividades. Para ler o texto na íntegra, acesse o *link* indicado a seguir:

PUGLIESI, A. Bala e bola: o futebol nos três bairros mais violentos de Curitiba. *Gazeta do Povo*, 8. abr. 2016. Esportes. Disponível em: <http://www.gazetadopovo.com.br/esportes/especiais/futebol-e-violencia/index.jpp>. Acesso em: 29 ago. 2017.

---

5 Uma *grande reportagem* se difere de uma *reportagem* em vários quesitos, como tempo de produção, levantamento e aprofundamento dos dados e espaço para a publicação do resultado final.

Figura 3.1 – Reportagem especial "Bala e bola: o futebol nos três bairros mais violentos de Curitiba", publicada no jornal *Gazeta do Povo*

Fonte: Pugliesi, 2017.

O livro *Dente de leite S.A.: a indústria dos meninos bons de bola* é outro exemplo de produção jornalística que vai além da cobertura esportiva diária. O repórter chileno Juan Pablo Meneses percorreu a América Latina para conhecer o trabalho de desenvolvimento de novos astros do futebol – os futuros "Messis" ou "Ronaldos". Com base nessa experiência, o jornalista escreveu um livro em que denuncia o tráfico de crianças e a pressão sofrida pelas famílias. Além disso, evidencia um mercado que não tem qualquer relação com a fama e a riqueza conquistadas pelos grandes jogadores.

MENESES, J. P. **Dente de leite S.A.**: a indústria dos meninos bons de bola. Barueri: Amarilys, 2014.

Para saber mais

Um dos cronistas esportivos mais famosos da história foi o escritor Nelson Rodrigues (1912-1980), autor de peças teatrais famosas, como *A mulher sem pecado* (1941) e *O vestido da noiva* (1943). O recifense que fez carreira no Rio de Janeiro acompanhava partidas de futebol e trazia em seus textos uma visão romanceada dos jogos, por vezes crítica e outras vezes bem-humorada. Nelson era, na verdade, repórter policial, mas sua paixão pelo futebol o motivou a escrever também sobre esse esporte.

Conforme consta na apresentação da obra *A pátria de chuteiras*, "Nelson observava o esporte além do horizonte limitado de um jogo. Uma partida da seleção era uma cruzada épica". Nesse livro, estão reunidos textos escritos pelo autor entre as décadas de 1950 e 1970 para diferentes jornais, como *O Globo, Jornal dos Sports* e *Manchete Esportiva*.

RODRIGUES, N. **A pátria de chuteiras**. Rio de Janeiro: Nova Fronteira, 2013. Disponível em: <http://www.ediouro.com.br/lancamentosdenelsonrodrigues/livros/ImagePatriaDeChuteiras%20em%20Baixa.pdf>. Acesso em: 29 ago. 2017.

3.4
Jornalismo ambiental

O jornalismo ambiental é uma especialização jornalística em crescimento, especialmente em razão das crises provenientes do mau uso dos recursos naturais, como o aquecimento global e a escassez de água.

Um desdobramento da vertente científica, o jornalismo ambiental aborda temas como poluição, destinação do lixo, saneamento básico, uso de agrotóxicos, cuidado com os animais, devastação de florestas, impacto de produções agrícolas ou industriais, mudanças climáticas, medidas de proteção à biodiversidade e consumo consciente de água e energia. Além disso, faz o acompanhamento de políticas públicas ligadas a essa área e de debates sobre licenciamento ambiental, bem como a cobertura de eventos que reúnem entidades de proteção ambiental ou representantes de diversos países para a discussão de medidas de conservação ambiental ou recuperação da biodiversidade.

Segundo Bueno (2007), essas temáticas podem ser abordadas tanto por veículos de informação geral quanto por produções específicas, agências e assessorias de organizações não governamentais (ONGs). O autor conceitua essa especialização jornalística como "o processo de captação, produção, edição e circulação de informações (conhecimentos, saberes, resultados de pesquisas etc.) comprometidas com a temática ambiental e que se destinam a um público leigo, não especializado" (Bueno, 2007, p. 35).

O estudioso ainda critica a cobertura ambiental realizada na atualidade e a diferencia da chamada *comunicação ambiental*.

O jornalismo brasileiro se ressente de várias síndromes que penalizam a qualidade [da] cobertura ambiental, como o sensacionalismo, o uso quase exclusivo de autoridades como fontes ou mesmo a fragmentação do olhar em virtude da sua segmentação em editorias. [...]

Vamos assumir a Comunicação Ambiental como todo o conjunto de ações, estratégias, produtos, planos e esforços de comunicação destinados a promover a divulgação/promoção da causa ambiental, enquanto o Jornalismo Ambiental, ainda que uma instância importante da Comunicação Ambiental, tem uma restrição importante: diz respeito exclusivamente às manifestações jornalísticas.

Isso significa que a Comunicação Ambiental incorpora todas as atividades voltadas para a divulgação/promoção da causa ambiental (e até mesmo o Jornalismo Ambiental)[,] mas este se mantém vinculado ao trabalho realizado por um sistema de produção particular, o jornalístico. (Bueno, 2007, p. 33-34)

Para ampliar nossa abordagem sobre o jornalismo ambiental, apresentamos a seguir a entrevista que realizamos, em janeiro de 2017, com a jornalista Eloisa Beling Loose (EBL), referência nacional em pesquisas acadêmicas sobre a cobertura de assuntos ligados ao meio ambiente no Brasil.

Conte-nos sua trajetória no jornalismo ambiental. Por que o interesse por essa área?

EBL – O interesse pela área ambiental surgiu logo no início da faculdade, quando comecei a fazer estágio na Assessoria de Ciências Rurais e precisava buscar pautas relacionadas a esse universo. Os debates ambientais estavam sempre presentes, mas eram tratados de forma não aprofundada – o que chamou minha atenção. Posteriormente, participei de um projeto de extensão que tratava de meio ambiente e qualidade de vida e fiz iniciação científica sobre a cobertura ambiental do jornal *Folha de S.Paulo*. Percebi que existia uma lacuna de estudos na área e que, como jornalista, poderia contribuir para um entendimento mais vasto e complexo do tema. Por isso, essas questões tornaram-se presentes tanto em trabalhos de disciplinas da graduação quanto como objeto central das minhas pesquisas futuras de mestrado e doutorado.

Como você define o jornalismo ambiental? Quais são as principais características desse tipo de atuação?

EBL – O jornalismo ambiental pode ser entendido como uma especialidade do jornalismo que busca tratar dos assuntos de forma mais contextualizada, revelando não apenas o aspecto econômico ou o político, mas tentando evidenciar as relações – muitas vezes ocultas – entre os diferentes aspectos (sociais, políticos, culturais, econômicos, tecnológicos etc.) que envolvem cada pauta. No Brasil, o Grupo de Pesquisa Jornalismo Ambiental (CNPq/UFRGS) é um dos mais antigos a pesquisar, de forma sistemática, a parte conceitual e prática do que poderíamos compreender como jornalismo ambiental.

Não seria simplesmente fazer a cobertura de pautas ambientais, mas enxergar as problemáticas do cotidiano sob o ponto de vista ambiental, evitando a fragmentação do fazer jornalístico diário, trazendo a pluralidade de vozes, aproximando a temática do leitor e comprometendo-se tanto com a qualidade da informação quanto com a mudança de pensamento em prol de uma verdadeira sustentabilidade. É necessário ainda destacar as especificidades desse tipo de jornalismo, mas o ideal seria que todo tipo de jornalismo assumisse tais premissas, considerando os desafios cada vez mais urgentes que se sobrepõem na nossa sociedade e que, de uma maneira ou [de] outra, estão associados ao ambiente do qual dependemos para viver.

Como você avalia o cenário do jornalismo ambiental hoje no Brasil? E no mundo?

EBL – O jornalismo ambiental ainda carece de estudos e discussões acadêmicas, além de mais espaço para sua prática no mercado de trabalho, mas, diante do cenário atual, repleto de dilemas ambientais, eu penso que a área deve crescer. No Brasil, as últimas diretrizes curriculares dos cursos de graduação, inclusive as de Jornalismo, já contemplam a questão da sustentabilidade, embora em disciplina específica não obrigatória. As pesquisas acadêmicas ocorrem de forma contínua em poucas universidades e costumam ser fruto do interesse pessoal dos pesquisadores – não há incentivos institucionais, como editais, na área.

Como a perspectiva ambiental, na maioria dos casos, "atrapalha" os interesses econômicos, essas pautas também demandam maior apuração dos repórteres e liberdade dos veículos em relação aos anunciantes que mantêm a empresa. Nos países europeus e nos Estados Unidos, encontramos mais literatura sobre o assunto, assim como diversas iniciativas que empregam jornalistas dedicados ao tema, porém é um campo de trabalho relativamente recente – que tomou corpo a partir da década de 1960 nos países industrializados.

Qual é o foco da cobertura de assuntos ligados ao meio ambiente?

EBL – A proposta do jornalismo ambiental, como já dito, é dar profundidade aos temas que dizem respeito à vida e costumam estar desvinculados nas páginas dos jornais, com exploração de diferentes ângulos e fontes. O saber ambiental deve ser incorporado à prática jornalística, de modo que o papel social do jornalismo de servir ao interesse público englobe a sustentabilidade do lugar onde vivemos.

Que dicas você daria a um jornalista que deseja se especializar em alguma área ou subárea, como o jornalismo ambiental?

EBL – Primeiramente, gostar do assunto e ler muito sempre. Há também alguns cursos de curta duração ou pós-graduações direcionadas que auxiliam bastante na hora da especialização. Para quem ainda está na faculdade, fazer os trabalhos das disciplinas na área de interesse já é uma forma de se familiarizar com as particularidades de cada temática, assim como cultivar fontes de informação.

Principais temas de especialização

No caso do jornalismo ambiental, de forma específica, sugiro acompanhar o programa *Cidades e soluções*, da Globo News, apresentado pelo jornalista André Trigueiro, uma das referências na área. O *site* <https://jornalismoemeioambiente.com/>, do Grupo de Pesquisa Jornalismo Ambiental (CNPq/UFRGS), coordenado pela professora Ilza Girardi, traz uma vasta quantidade de informações para aqueles que se interessam por pesquisa (bibliografia, eventos científicos e grupos/entidades). Também há vários prêmios de jornalismo voltados à produção de reportagens sobre meio ambiente.

Eloisa Beling Loose é jornalista e doutora em Meio Ambiente e Desenvolvimento pela Universidade Federal do Paraná (UFPR). Atualmente, é professora do curso de Jornalismo do Centro Universitário Internacional Uninter. Já trabalhou como assessora de imprensa e como repórter, com passagens pelas redações dos periódicos *Zero Hora* e *Jornal do Comércio* e do portal *Terra*. Pesquisa as interfaces entre comunicação/jornalismo e meio ambiente há 10 anos.

Estudo de caso

Cobertura de grandes eventos de discussão sobre o meio ambiente no Brasil

O Brasil sediou dois importantes eventos ligados ao meio ambiente e que impulsionaram o jornalismo ambiental no país. Em junho de 1992, a cidade do Rio de Janeiro recebeu a Conferência das Nações Unidas sobre o Meio Ambiente e Desenvolvimento, conhecida como *Rio-92* ou *Eco-92*. O encontro ficou marcado pela aprovação de duas importantes convenções: uma sobre biodiversidade e outra sobre mudanças climáticas. Na ocasião, a Agenda 21, termo que incluía um plano de ações e metas para um desenvolvimento sustentável, foi assinado por representantes de 179 países.

Em março de 2006, ocorreu a 8ª Reunião da Conferência das Partes (COP8) para a Convenção de Diversidade Biológica, em Pinhais, na região metropolitana de Curitiba. Participaram do evento representantes de 188 países, entre eles 100 ministros do meio ambiente, que debateram e firmaram acordos para a preservação e o uso sustentável da biodiversidade. Paralelamente à COP8, aconteceu a 3ª Reunião da Conferência das Partes para o Protocolo de Biossegurança (MOP-3). Ambos os eventos reuniram um total de 5 mil pessoas.

Para visualizar dados sobre a importância da realização desses eventos no Brasil, acesse o *link* indicado a seguir:

GROSS, T.; JOHNSTON, S.; BARBER, C. V. Para entender a COP-8 da Convenção de Biodiversidade. **Eco 21**, ed. 110. Disponível em: <http://www.eco21.com.br/textos/textos.asp?ID=1266>. Acesso em: 29 ago. 2017.

Aproveite a pesquisa para verificar como os principais veículos de comunicação cobriram as conferências, anotando os pontos fortes e os fracos.

Para saber mais

Para obter mais informações sobre o jornalismo ambiental no Brasil, sugerimos a leitura do artigo "Caminhos e descaminhos do jornalismo ambiental", produzido por Ilza Maria Tourinho Girardi em parceria com Reges Schwaab, Carine Massierer e Eloisa Beling Loose.

GIRARDI, I. M. T. et al. Caminhos e descaminhos do jornalismo ambiental. **Comunicação & Sociedade**, São Bernardo do Campo, v. 34, n. 1, p. 131-152, jul./dez. 2012. Disponível em: <https://www.metodista.br/revistas/revistas-ims/index.php/CSO/article/view/2972>. Acesso em: 29 ago. 2017.

3.5
Jornalismo cultural

A especialização jornalística denominada *jornalismo cultural* tem como objetivo principal a cobertura e a crítica de manifestações culturais e artísticas, como artes plásticas, cinema, teatro, literatura e música. Na área musical, por exemplo, as informações podem ser gerais ou direcionadas a públicos específicos, com conteúdo focado em determinado estilo, como MPB, *hip hop* ou *pop*.

O jornalista especializado em cultura Daniel Piza, autor do livro *Jornalismo cultural*, comenta que é comum os grandes jornais ou revistas agruparem as informações culturais em um caderno à parte, chamado, muitas vezes, de *segundo caderno* e tratadas com menor importância em comparação com as *hard news*. Com a crise no jornalismo impresso, os cadernos de cultura vêm perdendo espaço em comparação a outras editorias. Por outro lado, o jornalismo cultural ganha fôlego em livros, especialmente em livros-reportagem e em biografias, e no meio *on-line*, em páginas de opinião e roteiros culturais.

> nos últimos anos, o jornalismo cultural vem mais e mais se expandindo para os livros. Coletâneas de ensaios e críticas são as mais corriqueiras, além de projetos de reportagem feitos diretamente para livros. Muitos jornalistas têm se dedicado a escrever biografias, gênero que teve um *boom* editorial a partir da década de 1980. E a história cultural, nos mais variados formatos, desde biografias de cidades até relatos de encontros intelectuais, vem ganhando bastante espaço.

Também a Internet, na peneira, tem servido como caminho alternativo para o jornalismo cultural. Embora as tentativas de revistas culturais com alguma inteligência e sofisticação tenham fracassado ou apenas "empatado", esbarrando em questões de escala e financiamento, além de prescindirem do prazer tátil e prático que existe nas edições em papel, a demanda por esses assuntos é inequívoca. Incontáveis sites se dedicam a livros, artes e ideias, formulando fóruns e prestando serviços de uma forma que a imprensa escrita não pode, por falta de interatividade e espaço. (Piza, 2004, p. 30-31)

A narrativa no jornalismo cultural se divide basicamente entre os gêneros informativo e opinativo. No primeiro, as produções jornalísticas giram em torno de roteiros de apresentações artísticas, da cobertura de eventos culturais e de entrevistas com artistas ou gestores da área. No opinativo, por sua vez, destacam-se críticas e resenhas, em que o profissional acompanha uma *performance*; lê uma obra literária; assiste a um filme, uma peça ou outro espetáculo; visita uma exposição; ou analisa o resultado da produção, adiantando impressões e indicando pontos fortes e fracos. Em alguns casos, o crítico recomenda a obra ao público e, em outros, desaconselha sua apreciação.

Para ampliar nosso tratamento sobre o tema do jornalismo cultural no Brasil, em janeiro de 2017, entrevistamos o jornalista especializado em cultura Franthiesco Ballerini (FB).

Conte-nos sua trajetória na cobertura de assuntos ligados à cultura. Como ingressou e se desenvolveu nessa área?

FB – Enquanto estava na faculdade, fiz estágio em assessoria de imprensa e, até o quarto ano, queria atuar no jornalismo econômico. Meu trabalho de conclusão de curso (TCC) foi sobre jornalismo econômico com foco na economia industrial. Quando estava no terceiro ano de faculdade, no entanto, passei em um processo seletivo do *Estadão*[6] e fui trabalhar no Grupo Estado. Você não escolhe a área em que vai trabalhar no *Estadão*, e fui escalado para o caderno de TV. Eu cobria a televisão e, mesmo assim, negava essa área, pois achava que não era do meu interesse.

Por outro lado, sempre gostei de cultura, li muito, vi muitos filmes, muitos programas de TV, mas, profissionalmente, eu queria uma coisa "mais séria". Foi então que aconteceu uma coisa muito inusitada. Fui a uma balada de fim de ano com minha então namorada – futura esposa –, minha irmã e alguns amigos e, na fila, ninguém sabia dividir a conta – e eu também não. Foi aí que me dei conta de que eu não tenho o menor talento para o jornalismo econômico e comecei a desistir dessa ideia.

6   *Estadão* é o nome pelo qual o jornal *O Estado de S. Paulo* é conhecido.

Ao mesmo tempo, comecei a crescer no jornal, fazendo coberturas mais bacanas na área de televisão e, aos poucos, fui entrando no cinema também. Alguns críticos começaram a sair do jornal, eu comecei a avançar aos poucos e acabei fazendo uma especialização na área, pois percebi que só conseguiria alçar o patamar de crítico se tivesse uma especialização. Fiz pós em História do Cinema e depois mestrado com foco em Crítica de Arte. Uma vez que comecei a cobrir cinema no *Estadão*, comecei também a colaborar para outras revistas da mesma área.

Como você define o jornalismo cultural? Quais são as principais características desse tipo de atuação?
FB – Jornalismo cultural é uma área que cobre arte e entretenimento, que pode ser factual, do dia a dia, ou mais reflexivo, com críticas e resenhas. Na redação, você escreve, mas faz muito mais coisas fora. Eu, por exemplo, trabalhava mais de dez horas todos os dias. Pela manhã, ia para a cabine, que é a sessão de filmes para imprensa. À tarde, ia para a redação e saia só à noite. Quando chegava em casa, queria ver algum produto cultural para ter mais repertório.
Você respira isso, portanto tem que realmente gostar de trabalhar nessa área. Ela vai tomar conta da sua vida e da vida dos que estão ao seu redor. Acho que essa é uma das principais características desse tipo de atuação: o jornalista cultural não pode limitar seu trabalho à redação.

Como você avalia o cenário do jornalismo cultural hoje no Brasil? E no mundo?

FB – Tanto no Brasil quanto no mundo, o cenário é muito crítico. As redações estão enxutas, existem problemas graves, como o fato de um repórter que cobre teatro também ser o crítico em teatro. Isso vale para todas as outras áreas. Eu falo muito sobre isso no meu livro. É péssimo, pois a relação de um crítico com as fontes não pode ter a mesma proximidade que a de um repórter. Trata-se de um problema econômico, um problema grave relacionado à questão da sustentação do jornalismo profissional. O jornalismo cultural tem um paradoxo: embora ele tenha um alto nível de leitura, seja um dos cadernos mais lidos de um veículo, jornal ou revista, é o menos prestigiado internamente em uma redação. A visão muitas vezes é de que se trata de um lazer do jornalista, de que é um prêmio trabalhar com isso; então, em geral, os salários podem ser menores e acumulam-se muito mais funções. E no mundo não é diferente.

A *web* acaba sugando um pouco da audiência dos veículos tradicionais, mas isso é uma fase de transição – os bons vão sobreviver e migrar para as plataformas. Eu não sou de todo pessimista, não. Fui para a área acadêmica, mas colaboro para alguns veículos de imprensa.

Qual é o foco da cobertura de assuntos ligados à cultura?
FB – O meu foco era cinema – eu cobria cinema principalmente –, mas gostava, às vezes, de trabalhar em outras áreas também. De modo geral, o foco do jornalismo cultural diário está muito mais na chamada cultura *pop*, ou seja, música, cinema e televisão, e bem menos na literatura, no teatro e nas artes visuais. É uma pena, mas o jornalismo está cada vez mais refletindo o que o público quer consumir e olhando para essa audiência como uma forma de sobrevivência.

Que dicas você daria a um jornalista que deseja se especializar em alguma área ou subárea, como é o seu caso?
FB – A pessoa que cobre o jornalismo cultural – não importa a área – deve ser aquela que lê sobre tudo: lê livro sobre a Primeira e Segunda Guerra Mundial e a Revolução Francesa, tem curiosidade para saber sobre economia e finanças, lê o jornal de ponta a ponta, porque precisa saber de tudo. Isso porque o produto cultural não vai falar só da cultura em si, mas de temas como guerra e recessão. Então, tem que ler tudo, tem que abraçar, tem que ter curiosidade sobre tudo. Além disso, precisa usar muito bem o tempo. Se você quer sobreviver nessa área, tem que se especializar para fazer um nome forte, fazer cursos, procurar ampliar sua rede de contatos não só no jornalismo como em outras áreas. Trata-se de um segmento

em que é difícil se sustentar; são poucos os que têm bons salários só fazendo jornalismo cultural. Eu adoro jornalismo cultural, quero fazer isso para o resto da minha vida, mas jornalismo cultural diário não vou fazer nunca mais.

Franthiesco Ballerini é mestre em Comunicação, professor universitário e colaborador do *Observatório de Imprensa*. Atuou em veículos como a revista *Cult*, o jornal *O Estado de S.Paulo* e a rádio *Eldorado*, cobrindo principalmente temas referentes a cinema e televisão. Também escreve textos opinativos para as revistas *Bravo*, *Quem* e *Contigo!*. Além disso, é membro votante da Associação Paulista de Críticos de Arte (APCA) e autor de quatro livros, entre eles *Jornalismo cultural no século 21*, publicado em 2015[7].

É comum as pessoas confundirem o jornalismo cultural com o jornalismo literário. Muitas acreditam que o foco deste são assuntos relativos a literatura, porém essa ideia é equivocada. O que essa especialização do jornalismo faz é utilizar recursos literários no texto jornalístico, ou seja, não há relação com o jornalismo cultural, voltado à cobertura de manifestações artísticas.

---

[7] Mais informações sobre a biografia e os trabalhos de Franthiesco Ballerini podem ser encontradas em: FRANTHIESCO BALLERINI. Disponível em: <http://www.franthiescoballerini.net/>. Acesso em: 29 ago. 2017.

Belo (2006) e Pena (2006) destacam que, no jornalismo literário, o autor usa recursos estilísticos, como descrição cena a cena, mudança de tempo e espaço e valorização dos personagens, para contar a notícia de uma forma que lembre a ficção. Essa prática pode ser usada em grandes reportagens, que buscam romper com o formato tradicional do *lead*, ou pirâmide invertida[8], adotando uma redação mais livre.

Os livros-reportagem são um exemplo de jornalismo literário. Um dos mais conhecidos é *A sangue frio*, de Truman Capote, publicado pela primeira vez em 1966. O autor relata o assassinato de uma família na cidade de Holcomb, no interior dos Estados Unidos. Embora se trate de uma cobertura jornalística policial, e não cultural, o modo como o repórter conta essa história verídica confere ao livro mais características de romance policial que de reportagem.

---

[8] A técnica de construção do texto jornalístico em pirâmide invertida consiste em colocar as principais informações da notícia, chamadas de *lead* – quem, o quê, quando, como, onde e por quê –, nos primeiros parágrafos do texto.

Para saber mais

Para aprofundar seus conhecimentos sobre o atual cenário da cobertura de cultura, sugerimos a leitura do texto "O jornalismo cultural perde ou ganha com a era digital?", disponível no *link* indicado a seguir:

BALLERINI, F. O jornalismo cultural perde ou ganha com a era digital? **Observatório da Imprensa**, n. 928, 19 dez. 2016. Disponível em: <http://observatoriodaimprensa.com.br/monitor-da-imprensa/o-jornalismo-cultural-perde-ou-ganha-com-era-digital/>. Acesso em: 30 ago. 2017.

Uma das especializações jornalísticas que vêm crescendo é a cobertura de celebridades, ainda que permeada por controvérsias sobre o sensacionalismo que supostamente existe nessa atividade. Há inúmeros programas de rádio e TV, tabloides, revistas e *sites* que apresentam informações sobre a carreira e a vida pessoal dos artistas. O filme *Quase famosos* trata desse tema, mostrando a saga de um jovem repórter da revista *Rolling Stones*.

QUASE famosos. Direção: Cameron Crowe. EUA, 2000. 162 min.

3.6
Jornalismo de *games*

Na cobertura de entretenimento, uma das áreas que vêm crescendo é o jornalismo de *games*, que se enquadra no que se convencionou chamar de *soft news* (em português, "noticiário leve"). Muitas pessoas consideram tais notícias fúteis, atribuindo importância jornalística apenas às *hard news* – relatos objetivos acerca de temas políticos, econômicos, cotidianos, científicos ou policiais. No entanto, há quem se interesse por esses assuntos e, nesse sentido, o jornalista é essencial na transmissão de informações precisas, checadas, apuradas e bem-escritas.

A principal publicação do gênero no mundo é a revista *Game Informer*, que pertence à Gamestop, uma das maiores redes de lojas de *games* dos Estados Unidos. É a quarta publicação mais lida desse país, entre todos os segmentos, com 6,3 milhões de assinantes, segundo levantamento da Alliance for Audited Media de 2016 (Game Informer, 2017).

O jornalismo de *games* publica análises de jogos eletrônicos e novidades sobre esse universo. Não o confunda com *newsgames*, que não é uma especialidade jornalística, mas um formato de apresentação de dados com o desenvolvimento de jogos que contêm notícias.

Figura 3.2 – Capa da revista *Game Informer*

https://www.europanet.com.br/site/index.php?cat_id=1668&pag_id=25793

Quadro 3.2 – Diferença entre *jornalismo de games* e *newsgames*

Classificação	Jornalismo de *games*	Newsgames
Característica	Cobertura de assuntos ligados a jogos eletrônicos.	Produção de jogos baseados em notícias reais para explicar fatos ou opinar sobre eles.
Principais veículos	Revistas, *sites*, *blogs* e até mesmo editorias em veículos de informação geral ou voltados à cobertura de assuntos relativos à tecnologia.	No Brasil, a revista *Superinteressante*.
Exemplos	Revista *Game Informer*	*Filosofighters*, jogo da revista *Superinteressante* que expõe as ideias dos principais filósofos (Cohen, 2011).

Em ambas as modalidades, o mercado ainda é tímido no Brasil; no entanto, dados de veículos internacionais indicam que a tendência deve crescer no país.

Um dos grandes desafios do jornalismo de *games* é não ser apenas um "empacotador" ou tradutor de notícias de veículos e assessorias internacionais, já que os fabricantes de jogos eletrônicos lhes distribuem materiais; aliás, as empresas desenvolvedoras de *games* contratam jornalistas para produzirem esses conteúdos. Por outro lado, não há como negar que quem almeja se especializar nessa área precisa ter domínio de uma língua estrangeira, especialmente do inglês. Muitas das fontes são estrangeiras e, para compreender as informações, os tradutores *on-line* não são suficientes.

Para aprofundar nossas considerações sobre o assunto em questão, apresentamos a seguir a entrevista exclusiva que o editor do *UOL Jogos* Théo Azevedo (TA) nos concedeu, em janeiro de 2017. Segundo o jornalista, a paixão pelos *games* surgiu ainda na infância: desde que começou a jogar Atari, aos 4 anos de idade, não se desvencilhou dos jogos. Théo conta que teve todos os *videogames* possíveis e que sempre gostou muito de ler e escrever, o que o ajudou a se desenvolver nessa área.

Como você define o jornalismo de *games*? Quais são as principais características desse tipo de atuação?

TA – É um segmento especializado do jornalismo, assim como notícias sobre veículos ou cinema. Por ser uma cobertura baseada em produtos, há uma ênfase em resenhas, artigos e perfis de desenvolvedores. Porém, acho que os *games* têm a característica quase única de serem um segmento em constante inovação: sempre há novos consoles e tecnologias, o que exige constante atualização por parte do jornalista.

Como você avalia o cenário do jornalismo de *games* hoje no Brasil? E no mundo?

TA – No Brasil, é um segmento de poucas oportunidades, uma vez que são poucos os jornais e revistas que cobrem o segmento. É preciso ir para a internet para ter mais sucesso nos *sites* especializados – e mesmo assim conviver com as mazelas do jornalismo como um todo: baixos salários, falta de plano de carreira, risco de corte etc.

Porém, há renovação: as assessorias de imprensa costumam precisar de jornalistas especializados para atender as contas de *games* e, mais recentemente, veículos esportivos começaram a cobrir *eSports*, que são os torneios profissionais de *games*. Também há o fato de o Brasil, como mercado de *games*, ainda estar em desenvolvimento, o que se reflete no tamanho do mercado editorial. Em termos internacionais, o que posso dizer é que, quanto mais avançado for o mercado de *games* naquela região, melhores serão as oportunidades de cobertura da área.

Qual é o foco da cobertura do *UOL Jogos*?

TA – Ser um lugar divertido para acompanhar o mundo dos *games*. Gosto de resumir dessa forma. O resto vamos moldando. Hoje, por exemplo, estamos fazendo muitas *lives*[9], mostrando mais a cara dos redatores, coisa que não ocorre no resto do *UOL*. É preciso se aproximar do internauta, ainda mais em tempos de *youtubers* de *games*.

Que dicas você daria a um jornalista que deseja trabalhar nessa área?

TA – Seja publicado, visto. Não importa como, se em um canal pessoal no YouTube ou escrevendo de graça, se for o caso, em um *site* independente. O começo é ingrato mesmo. O que importa é ter portfólio, pois raramente se contrata por CV, e sim pelo que o profissional consegue fazer.

Théo Azevedo começou a escrever aos 14 anos para o *Jornal da Cidade*, sediado em Bauru, no Estado de São Paulo. Na época, já fazia resenhas de *games*. Dali em diante, não parou mais: além de um *site* autoral, o extinto *Theogames*, começou a escrever para diversos jornais, como a *Folha de S.Paulo*, e para revistas especializadas. Formou-se em Jornalismo em 2004 e, no ano seguinte, entrou no *UOL Jogos*. Desde então, realizou a cobertura de mais de 60 eventos internacionais em 13 países diferentes.

9   *Lives* são transmissões ao vivo feitas pelas redes sociais.

Preste atenção!

Também chamado de *esporte eletrônico*, o *eSports* é uma competição de jogos eletrônicos, especialmente entre profissionais. Febre em países asiáticos, chegou também ao Brasil, sendo transmitida por canais digitais e até mesmo por redes de televisão. O *eSports* representa um novo campo de atuação para o jornalismo de *games*, que ganha adeptos em todo o mundo. Conforme anunciado pelo Conselho Olímpico da Ásia, "os eSports serão considerados oficialmente uma modalidade para os Jogos Asiáticos de 2022, com direito a medalhas para os competidores (ESPORT..., 2017).

A foto a seguir mostra um evento da Electronic Sports World Cup, realizada na Polônia em 2013. Em 2015, a competição International 5 distribuiu cerca de 18 milhões de dólares aos times, segundo dados do *site Tecmundo* (2017), especializado na cobertura de assuntos ligados à tecnologia.

Figura 3.3 – Evento de *eSports*

3.7
Jornalismo empresarial ou institucional

Cada empresa ou instituição, com fins lucrativos ou não, deseja atingir determinado público e se comunicar com ele. Para explicarmos o desenvolvimento do jornalismo empresarial, utilizaremos um exemplo hipotético de uma fabricante de cosméticos. Suponhamos que essa indústria queira divulgar pesquisas recentes sobre os ganhos do uso diário de hidratantes. Esses levantamentos, feitos em conjunto com cientistas e dermatologistas, precisam ser levados ao conhecimento de seus públicos interno e externo.

O público interno é formado pelos funcionários e pelos sócios da fábrica. Todos precisam conhecer os produtos que a empresa industrializa, sobretudo seus benefícios. Afinal, eles são os responsáveis por garantir a qualidade dessa fabricação e reportá-la ao público externo.

Em linhas gerais, entende-se por *público externo* os atuais clientes e os potenciais compradores. Os fornecedores também poderiam ser incluídos nessa categoria. Além de conhecerem os produtos, todas essas pessoas precisam dominar os assuntos associados a eles, nesse caso, saúde, estética, beleza, rejuvenescimento e bem-estar.

Para que as novidades cheguem aos diferentes públicos, a comunicação empresarial é extremamente importante. Suas ações devem articular as áreas de jornalismo, relações públicas e publicidade e propaganda.

> [A comunicação empresarial] está sobretudo identificada como um sistema complexo de conhecimentos e práticas que dizem respeito às relações entre uma organização e seus distintos públicos de interesse. Incorpora, portanto, ações, estratégias, instrumentos, canais de relacionamento e técnicas ou metodologias que permitem potencializar a interação com os *stakeholders*[10] e elaborar diagnósticos ou auditorias para avaliar o seu desempenho ou eficácia. (Bueno, 2014, p. 10)

---

10   *Stakeholders* é o termo usado para indicar os diferentes públicos de interesse de uma organização.

Voltando ao exemplo da fábrica de cosméticos, o plano de comunicação pode ser desenvolvido da seguinte forma: os publicitários elaboram uma campanha para a venda dos produtos, destacando sua qualidade, seu preço e os locais de venda, e os relações-públicas organizam um evento interno para apresentar as novidades aos funcionários. E os jornalistas, como poderiam atuar nesse processo? Com base nas indicações de Brum (2010), elaboramos uma lista de ferramentas que podem ser utilizadas por jornalistas em uma empresa ou instituição.

Quadro 3.3 – Formas de atuação no jornalismo empresarial ou institucional

Produção	Público	Caraterísticas
Jornal interno	Interno	Avisos e informações podem ser reunidos em um jornal interno, que pode ser impresso, encaminhado ao *e-mail* dos funcionários ou disponibilizado na intranet. Dependendo da importância e da urgência dos comunicados, a preferência deve ser o impresso. Se forem notícias do dia a dia da empresa, um boletim eletrônico pode suprir essa demanda. Outras possibilidades de divulgação das mensagens são: revista interna, encarte, TV ou rádio interna.

(continua)

(Quadro 3.3 – continuação)

Produção	Público	Características
Jornal mural	Interno	Tem a mesma função que o jornal interno, porém fica afixado em uma parede ou um mural, como o nome indica. É a reunião de comunicados, avisos e notícias em um informativo único, em que as informações são organizadas e apresentadas de forma mais atrativa aos funcionários. Pode ser chamado também de *jornal de parede*.
Informativo corporativo	Externo	Pode ser impresso ou *on-line*. Difere-se do jornal interno por ser direcionado ao público externo, ou seja, a clientes e a fornecedores. O ideal é que, além de notícias sobre o dia a dia da empresa, esse informativo contenha informações gerais que despertem a atenção dos leitores.
Mídia social	Externo e interno	A comunicação nas redes sociais é fundamental. Por atingir diferentes públicos, é ideal tanto para a divulgação de ações diretas da empresa quanto para a propagação de notícias gerais que propiciem uma interação com seus seguidores. O relacionamento com o cliente é outra vantagem da mídia social, visto que o público pode interagir; escrever comentários, sugestões e críticas; e fazer indicações a sua rede de contatos. Uma ação nas redes sociais exige monitoramento constante da equipe de comunicação para responder aos comentários e gerenciar possíveis crises – críticas, por exemplo.

(Quadro 3.3 – conclusão)

Produção	Público	Características
Blog corporativo	Externo e interno	Reúne informações para os públicos interno e externo e proporciona mais um canal de relacionamento e oferta de conteúdo ao público de interesse. Quando vinculado ao *site* da empresa, pode melhorar o *ranking* da página em mecanismos de busca, aumentando a chance de aparecer nas primeiras posições.
Relacionamento com a mídia	Externo e interno	Também chamado de *assessoria de imprensa*, trata-se da oferta aos veículos jornalísticos de assuntos relacionados à imprensa que rendem notícias de forma geral. Consiste ainda no atendimento aos jornalistas quando estes se interessam por fazer reportagens sobre a empresa ou necessitam de algum dado do setor. A assessoria de imprensa também representa uma estratégia de prevenção e gerenciamento da imagem da empresa, podendo responder à mídia em caso de denúncias ou críticas que possam afetar sua reputação.

Fonte: Elaborado com base em Brum, 2010.

No caso da fábrica de cosméticos, a assessoria de imprensa, com base em pesquisas recentes sobre o tema, poderia produzir um texto sobre os benefícios do uso de hidratantes para ser enviado a veículos de comunicação. A esse texto, destinado à imprensa, dá-se o nome de *release* ou *sugestão de pauta*.

Além de encaminhar a proposta a seu *mailing*[11], o jornalista empresarial faz um contato, geralmente por telefone, para confirmar o recebimento da sugestão e propor o agendamento de entrevistas com os porta-vozes da empresa, isto é, os profissionais designados – e treinados, se possível – pela organização para falar com a imprensa. Esse contato é chamado no jargão do jornalismo empresarial de *follow-up*, ou "acompanhamento", em tradução literal.

Em resumo, o assessor de imprensa estabelece uma conexão entre as fontes da empresa ou instituição que representa e os veículos de comunicação. No entanto, além de desenvolver esse trabalho, é de suma importância que identifique informações que possam render reportagens.

Segundo a pesquisa *Quem é o jornalista brasileiro?: perfil da profissão no país* (Bergamo; Mick; Lima, 2013), publicada por pesquisadores da Universidade Federal de Santa Catarina (UFSC) em parceria com a Federação Nacional dos Jornalistas (Fenaj), a assessoria de imprensa é o setor que mais emprega profissionais do jornalismo no Brasil (40%). Embora esteja em franco crescimento, ainda apresenta um grande desafio: conscientizar os empresários de que assessoria de imprensa não é sinônimo de propaganda. Quando paga por um anúncio, a empresa compra um espaço para dizer o que quer. Na assessoria, o espaço é

---

11   *Mailing* de imprensa é uma listagem de contatos midiáticos e jornalísticos, na qual constam informações como nome, telefone, *e-mail*, editoria e veículo.

gratuito, mas o controle sobre o conteúdo é do veículo de comunicação; é preciso manter um relacionamento ético, com a prevalência de informações relevantes.

Com relação à assessoria de imprensa, Bueno (2014) destaca que a multiplicidade de meios e de especializações favorece o relacionamento com a mídia e, consequentemente, o compartilhamento de conteúdos provenientes das organizações com diferentes veículos.

> A teoria e a prática da assessoria de imprensa ainda conjugam imprensa brasileira no singular, esquecidas de que há realidades distintas em termos de produção, públicos, discursos, objetivos e intenções que caracterizam as milhares de publicações jornalísticas do país, de tal modo que seria lógico admitir que não existe uma imprensa, mas várias imprensas brasileiras.
>
> Essa diversidade se aprofunda com o fortalecimento do espaço virtual como verdadeira incubadora de novas alternativas para o trabalho jornalístico (blogs, newsletter, portais) e, em especial, com a consolidação das redes e mídias sociais como agentes potencializadores de novos espaços de divulgação. O relacionamento com a mídia num ambiente complexo exige um repensar da atividade e o desenvolvimento de novas práticas. (Bueno, 2014, p. 55)

O autor ressalta que as ações na comunicação empresarial não se encerram na organização, mas na interação com o público, cujo "protagonismo [...] é vital para os negócios" (Bueno, 2014, p. 19). Por isso, reiteramos que a utilização de canais de relacionamento, como as redes sociais, é fundamental.

Para ilustrar como é a atuação de um profissional de assessoria de imprensa – uma das principais atuações do jornalismo empresarial –, apresentamos a entrevista que a jornalista Paula Girardi (PG) nos concedeu em janeiro de 2017.

Conte-nos sua trajetória no jornalismo empresarial (relacionamento com a mídia e produção de materiais jornalísticos para empresas). Como ingressou e se desenvolveu nessa área?

PG – Comecei no jornalismo empresarial focando a assessoria de imprensa e o relacionamento com a mídia, pelo fato de estar também, em paralelo, trabalhando na grande mídia. Acho que isso me ajudou a conhecer o perfil de pautas e sugestões sobre as empresas que seria interessante enviar para a imprensa. Logo no começo surgiram algumas experiências de produção interna, de comunicação voltada para o público interno das empresas, tanto com gravações de áudio, de programas de rádio, quanto com a produção de jornais e revistas. Com o tempo, você vai desenvolvendo, criando e entendendo o processo do relacionamento e o que a empesa quer passar para o funcionário ou para seu público-alvo.

Como você define o jornalismo empresarial? Quais são as principais características desse tipo de atuação?

PG – Jornalismo empresarial, também chamado de *jornalismo organizacional* ou *institucional*, é toda ação feita por um jornalista dentro de uma empresa que ajude essa corporação a levar informações para seus públicos de interesse. Pode se tratar simplesmente da comunicação interna ou também da comunicação externa da empresa, com seus clientes, investidores, franqueados, fornecedores, colaboradores externos e a mídia. Tudo isso faz parte do jornalismo empresarial, que cresce pela importância de a empresa saber se comunicar. Hoje em dia, a gente percebe várias empresas que são excelentes organizações, mas não sabem se comunicar. Então, o jornalista empresarial vem para somar nesse sentido, ajudando a empresa a ser bem-sucedida, conhecida, e a atender a expectativa de todos os públicos com que ela se envolve.

Como você avalia o cenário do jornalismo empresarial hoje no Brasil? E no mundo?

PG – O jornalismo empresarial está em franco crescimento e isso é muito bom. Faz parte da estratégia da empresa bem-sucedida cuidar da comunicação e passar suas informações de maneira correta e limpa, para que cheguem sem ruídos ao público. Por exemplo: o colaborador precisa conhecer a empresa em que trabalha com relação a valores, missão, planos e propósitos e o que está sendo feito para alcançá-los, para que possa até mesmo se envolver mais no processo. Acho que ainda pode crescer muito, pois é um mercado promissor; o investimento de empresas em comunicação tem aumentado, gerando um bom campo de atuação para jornalistas.

Que dicas você daria a um jornalista que deseja se especializar em alguma área ou subárea, como é o seu caso?
PG – O jornalista que quer ter sucesso nessa área precisa se especializar. No jornalismo empresarial, além da produção textual em diferentes mídias e da noção de assuntos do ambiente corporativo que possam interessar à imprensa, é preciso conhecer a área organizacional e seu funcionamento. Muitos vão para a área de assessoria de imprensa, mas quem se especializa amplia muito as chances de se destacar. Além disso, tudo é válido para se especializar, desde a leitura diária de jornais e revistas, para estar por dentro do cenário geral e das condições que impactam a empresa que você assessora, até conversas com outros profissionais. Creio que a conversa com pessoas-chave é um dos pontos principais, porque dali você pode tirar informações que vão guiar suas ações. Especialização não é só estudar, mas também se comunicar, se desenvolver e buscar livros, cursos e até conversas para entender melhor a área e crescer nela.

> **Paula Girardi** é jornalista, especialista em Desenvolvimento Gerencial e empresária do ramo de comunicação empresarial há 12 anos. Além de assessora de imprensa, ela tem passagem por veículos de comunicação como Rede Record, *Gazeta do Povo* e HSBC/TV.

Estudo de caso

Entre as diversas atuações do jornalista empresarial ou institucional está a produção de publicações segmentadas mantidas por associações de classe ou de empresas.

Um exemplo é o informativo *Fazendo com Você*, da Associação dos Comerciantes de Material de Construção de Curitiba (Acomac Grande Curitiba). O material é publicado nos meios impresso e *on-line* a cada três meses. Entre as pautas estão as ações da associação; artigos de especialistas com dicas sobre comércio; e notícias de interesse do setor, como a abertura de novas linhas de financiamento para a construção civil, que impacta diretamente o varejo de materiais.

Além do informativo, a equipe de comunicação é responsável pela produção de conteúdo para o *site* da associação e para o Facebook. As notícias trazem informações que interessam aos lojistas de materiais de construção, a seus funcionários e às indústrias que fornecem produtos a esses estabelecimentos. Esses fabricantes também são alvos das ações de comunicação, já que patrocinam eventos e treinamentos promovidos pela instituição. Para conhecer melhor esse trabalho, acesse:

ACOMAC GRANDE CURITIBA. Disponível em: <http://acomacpr.com.br>. Acesso em: 30 ago. 2017.

Para saber mais

Na obra *Comunicação corporativa: gestão, imagem e posicionamento*, as autoras discutem como as empresas devem se comunicar e preparar seus interlocutores para interagirem com os públicos de interesse.

MAFEI, M.; CECATO, V. **Comunicação corporativa**: gestão, imagem e posicionamento. São Paulo: Contexto, 2011.

No livro *Jornalismo organizacional: produção e recepção*, Marcele Branca Sólio realiza uma análise de produções voltadas à comunicação interna.

SÓLIO, M. B. **Jornalismo organizacional**: produção e recepção. Porto Alegre: Edusc, 2008.

O *Manual de assessoria de comunicação: imprensa*, disponível no *link* indicado a seguir, orienta a atuação nessa atividade.

FENAJ – Federação Nacional dos Jornalistas. **Manual de assessoria de comunicação**: imprensa. 4. ed. rev. e ampl. Brasília, 2007. Disponível em: <http://www.unesp.br/Home/aci_ses/manual_de_assessoria_de_imprensa.pdf>. Acesso em: 30 ago. 2017.

Síntese

As possibilidades de temas de especialização jornalística são inúmeras e crescem a cada dia. Neste capítulo, discorremos sobre algumas delas: jornalismo político, econômico, esportivo, ambiental, cultural, de *games* e empresarial ou institucional.

Como o próprio nome diz, o jornalismo político cobre assuntos ligados à política, como o dia a dia dos governantes, alianças entre partidos, eleições e bastidores.

O jornalismo econômico, por sua vez, cobre temas ligados à economia, com foco em finanças pessoais, mercado, investimentos e macroeconomia. Um dos desafios dos profissionais dessa área diz respeito à linguagem: ao mesmo tempo que o "economês" precisa ser traduzido, o texto não pode se transformar em algo didático, visto que muitas expressões são conhecidas do público que acessa esse noticiário.

O jornalismo esportivo cobre o mundo dos esportes. Apesar de a cobertura de competições e do dia a dia dos clubes prevalecer, é importante ir além, executando reportagens especiais sobre a vida dos atletas, a história das modalidades etc. Essa especialização também é marcada pelo gênero opinativo, especialmente no comentário sobre partidas, atletas e treinadores. No entanto, o jornalista deve fundamentar suas opiniões com dados, e não perder-se em palpites. Outra marca dessa especialização é o uso de humor e de um texto mais coloquial.

O jornalismo ambiental cobre assuntos ligados ao meio ambiente, como mudanças climáticas, cuidados com a natureza e sustentabilidade. Advinda do jornalismo científico, essa especialização vem ganhando autonomia e recebendo cada vez mais atenção dos veículos de comunicação. Nessa área, merecem destaque os trabalhos realizados por ONGs, que, por meio de veículos próprios, promovem a discussão das temáticas ambientais.

Também versamos sobre o jornalismo cultural, responsável pela cobertura de manifestações culturais e artísticas. Essa área vem perdendo espaço nos veículos impressos, mas mantém sua importância nos meios *on-line*, nos quais o público busca informações sobre peças de teatro, filmes, exposições artísticas, entre outras.

Uma especialização contemporânea que vem crescendo é o jornalismo de *games*, que noticia assuntos ligados a jogos eletrônicos, como lançamentos de jogos e competições do gênero. Além de conhecer a indústria de jogos, o jornalista de *games* precisa tornar seu nome conhecido nessa área; um bom caminho é a publicação de textos sobre o assunto em *blogs* e redes sociais.

Por fim, tecemos considerações sobre o jornalismo empresarial ou institucional, que tem como foco a produção jornalística voltada a empresas ou instituições. É uma das áreas que mais agrega jornalistas, que podem ser tanto empregados quanto empreendedores.

Para ampliar seus conhecimentos sobre tais especializações, apresentamos entrevistas com profissionais que atuam em diferentes áreas. Mesmo cobrindo assuntos distintos, eles concordam em alguns pontos: o jornalista especializado precisa se aprofundar em determinada temática, tarefa que não se restringe ao ambiente da redação. Ele precisa ler livros, ir a congressos e outros eventos, conversar com especialistas e escrever sobre o tema em *blogs*, por exemplo, além de cursar pós-graduação ou até mesmo uma nova graduação na área de interesse.

Questões para revisão

1. Por quais especializações jornalísticas você mais se interessa? Selecione pelo menos uma e mencione suas principais características.

2. Algumas especializações são consideradas tradicionais no jornalismo, como aquelas voltadas à política, à economia e à cultura. O que difere cada uma delas quanto ao texto, à relação com as fontes e à rotina do jornalista?

3. A quantidade de temas de especialização jornalística é imensa e, especialmente no meio *on-line*, surgem cada vez mais subespecializações. Sobre o jornalismo de *games*, analise as sentenças a seguir:

   I) Na cobertura de entretenimento, uma das áreas que vêm crescendo é o jornalismo de *games*, que se enquadra no que se convencionou chamar de *soft news* (em português, "noticiário leve").

   II) Há quem considere esse tipo de notícia fútil, atribuindo importância jornalística apenas às *hard news* – relatos objetivos acerca de temas políticos, econômicos, cotidianos, científicos ou policiais.

   Assinale a alternativa correta:

   a) A sentença I é verdadeira e a II é falsa, e uma não justifica a outra.
   b) Ambas as sentenças são verdadeiras, e a II justifica a I.
   c) As sentenças I e II são verdadeiras, porém a II não justifica a I.
   d) A sentença I é falsa e a II é verdadeira, embora haja relação entre elas.
   e) Ambas as sentenças são falsas.

4. Com relação às formas de jornalismo especializado, marque V nas afirmativas verdadeiras e F nas falsas:

( ) O jornalismo esportivo é uma das especializações mais tradicionais. Embora seja marcado pelas crônicas, atualmente, o jornalista dessa vertente deve se ater à informação, a fim de evitar que atue como "palpiteiro".

( ) O tema *esportes* não descarta as características eminentes na prática jornalística, que exige seriedade e rigor. Por isso, o uso de humor e de recursos do chamado *infotenimento* deve ser evitado no jornalismo esportivo.

( ) O jornalismo ambiental tem enfraquecido, uma vez que os interesses financeiros se sobrepõem às causas ambientais. Essa especialização passa por uma crise em virtude da falta de financiamento.

( ) O assessor de imprensa pode ser considerado um jornalista especializado na relação de empresas ou instituições com a imprensa. Uma de suas funções é levantar temas dentro de determinada organização que possam render cobertura por parte dos veículos de comunicação.

( ) Cultura, gastronomia e *games* são assuntos ligados a entretenimento e, portanto, não são considerados especializações jornalísticas.

A sequência correta de preenchimento dos parênteses é:
a) F, F, F, V, V.
b) F, V, F, V, F.
c) V, F, V, F, V.
d) F, F, F, V, F.
e) F, F, V, F, F.

5. Sobre os conceitos de *jornalismo cultural*, *jornalismo literário* e *livro-reportagem*, analise as afirmativas a seguir:

   I) O jornalismo cultural é uma forma de segmentação por renda ou escolaridade, pois é voltado a pessoas com maior poder aquisitivo ou com formação, consideradas mais cultas.

   II) Lançamentos de livros, entrevistas com autores e tendências da literatura brasileira e internacional são pautas recorrentes no jornalismo literário.

   III) O livro-reportagem é uma publicação independente voltada a jornalistas que não são contratados por veículos tradicionais, mas almejam publicar reportagens aprofundadas.

   Assinale a alternativa correta:
   a) Todas as sentenças são verdadeiras.
   b) Apenas a sentença III é falsa.
   c) Apenas a sentença I é falsa.
   d) Apenas a sentença III é verdadeira.
   e) Todas as sentenças são falsas.

Capítulo 04

Oportunidades na segmentação dos veículos

Conteúdos do capítulo:

- Mercado profissional.
- Revista.
- TV.
- Rádio.
- *Web*.
- Empreendedorismo.

Após o estudo deste capítulo, você será capaz de:

1. identificar oportunidades profissionais ligadas à especialização e à segmentação dos veículos;
2. compreender como essa segmentação ocorre nos diferentes meios;
3. avaliar seu perfil empreendedor em serviços jornalísticos especializados.

Antes de versarmos sobre as oportunidades de segmentação dos veículos às quais o jornalista pode se dedicar, é importante comentarmos como deve ser a formação desses profissionais. O fato de o jornalista precisar, muitas vezes, cobrir editorias e assuntos diversos faz com que as pessoas o considerem um "especialista em generalidades".

Segundo essa ideia, para trabalhar com jornalismo, é necessário saber "um pouco de tudo", pois o profissional da imprensa precisa ser capaz de conversar sobre qualquer tema, com qualquer pessoa, nas mais diferentes circunstâncias. Certo? Em partes.

Não há como negar que esse profissional deve ter conhecimentos gerais amplos, pois sua missão é reportar informações ao público, que pode ser geral ou específico. Os recém-formados em jornalismo costumam atuar em diversas áreas até definirem em qual desejam se aperfeiçoar ou se preferem permanecer em um veículo de informação geral. Esse é o tema da primeira seção deste capítulo.

4.1
Formação profissional

Como explicamos no decorrer deste livro, existe uma tendência de especialização no mercado jornalístico e de uma segmentação ainda maior. Desse modo, a decisão de especializar-se em algum setor pode representar uma oportunidade para o jornalista.

> Ao reconhecermos o desenvolvimento do jornalismo especializado, percebemos que a imagem do jornalista associado a conhecimentos gerais básicos não é a única perspectiva para este profissional. Esta preparação na área jornalística, que não exige um conhecimento específico, já era questionada pelo jornalista Cláudio Abramo (1988), em seu livro *A Regra do Jogo*: "Os cursos dão muita coisa que, no fundo, são apenas noções. Por isso, o jornalista ficou com a fama de ser um especialista em generalidades. A meu ver o curso de jornalismo deveria ser um curso de pós-graduação. O ideal seria ter nas redações economistas, sociólogos ou médicos que, além do curso específico, tivessem uma pós-graduação em jornalismo e aprendessem como contar as coisas e escrever com clareza".
> (Abiahy, 2000, p. 7)

Abiahy (2000, p. 8) ainda afirma que, "Embora este profissional deva estar preparado para atuar em diferentes veículos de comunicação, deve, ao mesmo tempo, privilegiar uma formação especializada num dos campos do saber em que pretende exercer sua atividade jornalística". Para reforçar essa visão, a autora cita uma pesquisa realizada no final da década de 1990 que revelou que donos de empresas jornalísticas de Portugal prefeririam contratar especialistas, ainda que não jornalistas. Em 1999, o levantamento feito por Jorge Pedro Sousa, que ouviu 60 diretores de emissoras de TV e rádio, jornais e agências de notícias daquele país, já indicava a preferência por profissionais com formação nas áreas de economia, esportes e ciência política, por exemplo – quadro que permanece na atualidade.

> [...] os directores dos órgãos jornalísticos preferem, sem grande dissonância [...], jornalistas cuja formação superior de base se direccione para a área em que estes últimos se pretendem especializar (economia, desporto, ciência política, etc.), desde que essa formação se conjugue posteriormente com uma pós-graduação genérica (nos diversos meios) ou especializada (telejornalismo, radiojornalismo, etc.) em jornalismo. [...] Abrem-se, assim, novas perspectivas para as instituições de ensino superior que desejem estabelecer graduações e, especialmente, pós-graduações em jornalismo. (Sousa, 1998)

Para se tornar um intermediador de conhecimentos específicos, é preciso ter domínio do assunto, saber dialogar de forma mais profunda com as fontes e conhecer termos técnicos ou científicos usados na área. A regra é clara: se é especializado, não pode ser superficial.

Conforme as entrevistas apresentadas no Capítulo 3, a especialização exige, primeiramente, aprofundamento em determinadas temáticas, estudo sobre elas e publicação de textos ou vídeos sobre o assunto (*sites* como o YouTube e *blogs* são uma excelente ferramenta para isso). Além disso, para quem quer trilhar uma jornada no jornalismo especializado, é importante participar de congressos ou outros eventos, o que é válido não apenas para conhecer o assunto, mas também para formar um sólido *networking*; ler publicações especializadas; e cursar uma pós-graduação na área de interesse.

Questões para reflexão

Não há no Brasil levantamentos semelhantes ao desenvolvido em Portugal para verificar se a tendência de os donos de veículos de comunicação preferirem profissionais com formação específica se confirma por aqui. De qualquer modo, é notório que muitos profissionais de imprensa seguem essa linha. De acordo com a pesquisa realizada pela Universidade Federal de Santa Catarina (UFSC) e pela Federação Nacional dos Jornalistas (Fenaj) sobre o perfil do jornalista brasileiro, 90,2% dos entrevistados defendem alguma formação superior para o exercício da profissão; no total, 44,6% acham que essa graduação não precisa ser necessariamente em Jornalismo (Bergamo; Mick; Lima, 2013). E você, o que pensa sobre isso?

4.2
Revista

No mercado profissional do jornalismo, as diferentes mídias apresentam características específicas. A partir desta seção, discorremos sobre a especialização e a segmentação nos veículos de comunicação.

Optamos por começar essa abordagem pela revista, visto que é um dos veículos que melhor exemplifica o processo de separação do público em nichos de interesse, conforme gênero, idade, classe social ou aspectos geográficos.

> Ao longo da história das revistas, logo se aprende a inevitável necessidade de estabelecer um foco preciso para cada publicação. Apesar da existência de títulos como Para Todos e Tudo, sabe-se que quem quer cobrir tudo acaba não cobrindo nada e quem quer falar com todo mundo acaba não falando com ninguém. Os tipos de segmentação mais comuns são por gênero (masculino e feminino), por idade (infantil, adulta, adolescente), por geografia (região ou cidade) e por tema (cinema, esportes, ciência). Dentro dessas grandes correntes é possível existir o que já nos referimos como "segmentação da segmentação". Por exemplo, partindo do público de pais de crianças, é possível fazer revistas para pais, para mães, para mães de bebês, para mães de bebês gêmeos, para mães de bebês gêmeos que moram em São Paulo... É possível estender e afunilar a

lista até chegarmos a grupos muito pequenos – e, se quisermos ir ao extremo, até chegar a cada indivíduo em particular. (Scalzo, 2011, p. 49)

Segundo Vallada (1983, citado por Rovida, 2010), no mercado brasileiro, há uma tendência para o aumento do número de publicações segmentadas e o desaparecimento das chamadas *revistas generalistas* – por exemplo, revistas ilustradas. O autor categoriza sete tipos de revistas especializadas, conforme o quadro a seguir.

Quadro 4.1 – Gêneros de revistas especializadas segundo Vallada (1983)

Categoria	Características
Técnico-setoriais	Dirigem-se a um setor da indústria, do comércio ou de serviços.
Técnico-profissionais	Voltam-se para especialidades profissionais.
Acadêmico-científicas	Destinam-se à divulgação de estudos e pesquisas e à reflexão acadêmica de uma determinada área do conhecimento.
Empresariais	São produzidas por determinada empresa e distribuídas, em geral, gratuitamente.
Estudantis	Focam em estudantes dos mais variados níveis.
Associativas	Mesclam as características das revistas empresariais e das técnico-profissionais e/ou técnico-setoriais.
Recreativas	Dedicam-se especificamente a determinada atividade de lazer, tendo como público apenas pessoas com um grau de interesse profundo em tal atividade.

Fonte: Elaborado com base em Rovida, 2010, p. 73.

Oportunidades na segmentação dos veículos

Podemos dizer, portanto, que essas segmentações são determinadas segundo o público e os interesses das organizações responsáveis pelas publicações.

Figura 4.1 – Revista setorial para empresários do comércio do estado de Sergipe

Scalzo (2011) alerta que, ao especializar-se em determinada área, o jornalista corre o risco de perder de vista as dúvidas do público, que possivelmente não conhece o assunto tão a fundo. A autora ainda aponta o perigo de o profissional utilizar termos técnicos em excesso, por se sentir muito familiarizado com o conteúdo, ou jargões inacessíveis à grande parte dos leitores. Para exemplificar seu ponto de vista, Scalzo (2011) faz menção à revista *Superinteressante*, que, embora seja focada em temas científicos, é acessível tanto aos cientistas quanto ao público leigo.

Por outro lado, uma vez que o público é segmentado, podem-se usar termos comuns aos "amantes" de determinado assunto. As revistas de moda, por exemplo, adotam uma linguagem corriqueira para quem circula pelo universo *fashion*.

Entre os vários dilemas da especialização está "manter, em um texto jornalístico, o nível de excelência exigido pelo leitor que já conhece bastante do assunto. É comum que profissionais de áreas específicas considerarem simplistas demais as reportagens sobre seu ramo de atuação" (Scalzo, 2011, p. 56).

Desse modo, o jornalista que trabalha em uma revista segmentada precisa buscar o equilíbrio entre o conteúdo especializado e o desconhecimento de parte do público, que necessita que o repórter decifre certos termos.

A *AARP The Magazine*, publicação de variedades produzida pela Associação Americana de Aposentados (AARP, sigla em inglês), é a revista mais lida do mundo. A publicação é bimestral e a tiragem por edição ultrapassa 22 milhões de exemplares. Focada em temas ligados aos idosos, o que marca uma segmentação por idade, recebe financiamento coletivo e doações.

> A AARP é uma organização sem fins lucrativos, não partidária, de bem-estar social e com quase 38 milhões de afiliados, que ajuda as pessoas a transformarem seus objetivos e sonhos em possibilidades reais e fortalece as comunidades e as lutas pelas questões mais importantes para as famílias – saúde, garantia de emprego e renda e proteção contra abusos financeiros. (AARP, 2017, tradução nossa)

Esse exemplo demonstra que o jornalista não está limitado aos veículos de comunicação; a prestação de serviços para entidades, por exemplo, é uma possibilidade de atuação profissional.

De acordo com o levantamento feito pela UFSC em parceria com a Fenaj (Bergamo; Mick; Lima, 2013), 55% dos jornalistas brasileiros trabalham em veículos de comunicação ou em produtoras de conteúdo, como agências de notícias; 45% atuam no jornalismo empresarial, em assessorias de imprensa ou de comunicação; e 5% trabalham como professores no ensino superior.

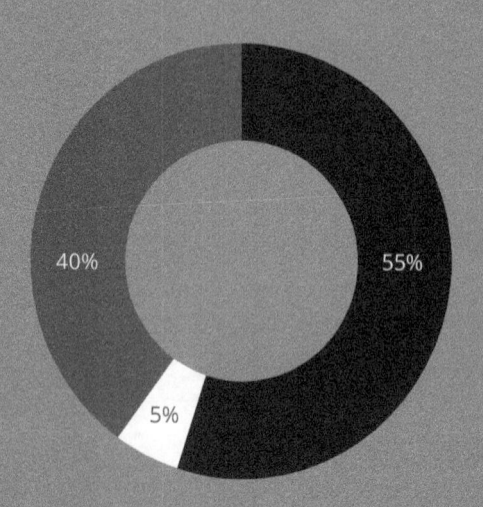

Gráfico 4.1 – Atuação dos jornalistas no mercado profissional

40%
55%
5%

- Mídia (veículos de comunicação, produtoras de conteúdo etc.).
- Fora da mídia, em docência (na formação superior de jornalistas ou outras áreas de conhecimento).
- Fora da mídia, em outras atividades (assessoria de imprensa ou comunicação ou outras ações que utilizam conhecimento jornalístico).

Fonte: Bergamo; Mick; Lima, 2013.

4.3
TV e mídia audiovisual

Na televisão em geral, há uma infinidade de produções segmentadas para os diferentes tipos de público: programas de auditório, *reality shows*, musicais, cultos e missas, *talk shows*, programas educativos, entre outras. Souza (2004) classifica os programas televisivos em cinco gêneros: entretenimento, publicidade, educativo, informativo e outros (especiais e religiosos, por exemplo).

Nesta obra, interessam-nos especialmente os programas informativos, ou seja, telejornais, documentários e programas de entrevista ou de debate. Na TV aberta, além dos muitos noticiários gerais – que normalmente abrangem um público mais amplo –, há programas sobre temas específicos, como esporte, agronegócio, empregabilidade, responsabilidade social e cultura.

Nas emissoras públicas e educativas, há ainda canais segmentados, como TV Senado, TV Justiça e TV Escola. Abiahy (2000) destaca a programação da TV Educativa e da TV Cultura, que apresentam uma variedade de produções especializadas em temas como saúde, mídia e cultura.

> [...] no caso do Brasil, verificamos que a televisão pública, [sic] também cria programas destinados a temáticas diferenciadas. Analisando a *TV Educativa* e a *TV Cultura* vemos que uma série de programas segmentados está sendo veiculada nos últimos anos. *Canal Saúde*, sobre medicina, *Direito em Debate*, sobre a

área jurídica, *Observatório da Imprensa*, sobre a mídia, *Curta Brasil* sobre os curta-metragens brasileiros, *Metrópolis* sobre a produção cultural, *Vitrine* sobre comunicação, *Zoom* sobre vídeo, *Revista do Cinema Brasileiro* e *Diário de Teatro*. (Abiahy, 2000, p. 17)

Apesar de estar presente na TV aberta, a especialização é mais significativa nos canais por assinatura. Mesmo nos canais de notícias há programas específicos sobre negócios, economia, meio ambiente, história, entre outros temas. A essa proliferação de canais Brittos (1998) chama *multiplicidade da oferta*, a qual fragmenta o consumo e alcança diferentes segmentos.

> Mais do que quantidade, a TV paga oferece canais que atendem interesses específicos dos receptores. A fragmentação do consumo também se dá diante da televisão aberta, mas menos intensamente, porque, além do número de canais ser inferior, eles tendem a ser genéricos, não segmentados, alcançando vários segmentos. Na verdade, as redes convencionais tentam, mas cada vez é mais difícil atingir a todos indiscriminadamente, com uma programação variada, englobando vários gêneros. Se, contudo, isso já foi possível no passado, quando não haviam [sic] os canais segmentados pagos, atualmente trata-se de uma proposta cada vez mais difícil de executar. Como os estratos socioeconômicos mais elevados progressivamente

estão migrando para a televisão por assinatura, as grandes redes acabam tendo que investir nos setores mais inferiores da pirâmide social, que ainda não dispõem de uma tecnologia de TV paga. (Brittos, 1998, p. 13)

Há ainda canais especializados em notícias, como BBC World News, CNN e Globo News – os dois primeiros são internacionais, e o último, brasileiro. Convém ressaltarmos que a emissora nacional, embora apresente macroespecialização em notícias em geral, também veicula produções subespecializadas, como programas de entrevista sobre política ou economia.

Além de trabalharem em programas jornalísticos de TV – em canais abertos ou fechados –, alguns jornalistas se especializam na produção audiovisual como documentaristas ou roteiristas. Independentemente de serem ou não jornalísticas, tais produções frequentemente utilizam a *expertise* de profissionais da área.

Nesse caso, a especialização não é no tema, mas no meio – a mídia audiovisual. Sendo assim, além dos conhecimentos teóricos e práticos da atividade jornalística, o profissional deve dominar técnicas como iluminação e sonorização do ambiente e enquadramento de câmera. Precisa também conhecer a linguagem adotada na elaboração do roteiro e técnicas de edição jornalística. Trata-se de um campo profissional em franco crescimento, especialmente no que diz respeito à produção de vídeos para a internet.

Para saber mais

A implantação da TV por assinatura no Brasil marcou o processo de especialização do conteúdo televisivo. Na obra *A TV no Brasil do século XX*, Othon Jambeiro fez um levantamento da história da chamada *televisão fechada* no país.

JAMBEIRO, O. **A TV no Brasil do século XX**. Salvador: EDUFBA, 2001.

Segundo a Associação Brasileira de Televisão por Assinatura – ABTA (2017), o auge do segmento ocorreu em 2014, quando atingiu 19,6 milhões de assinantes. Em 2016, esse número baixou para 18,9 milhões, uma leve queda atribuída à crise econômica registrada nesse ano.

4.4
Rádio

A segmentação por interesses é comum no rádio. Para iniciar essa seção, consideremos como exemplo as rádios musicais. As emissoras tocam estilos variados: de *rock* a sertanejo, de música *pop* a clássica, de canções nacionais a internacionais. Em cada programação, há outras variações, como sertanejo universitário, sertanejo de raiz ou sertanejo romântico.

No tocante às notícias, a segmentação ocorre mais por renda que por assunto. Em boa parte das emissoras AM, o foco são as classes menos abastadas e, portanto, os noticiários se concentram em assuntos ligados às comunidades locais. Nas rádios FM, existem emissoras especializadas em notícias, como a CBN e a Band News. A maioria dos radiojornais é de informação geral, mas neles pode haver colunas especializadas. Em uma coluna de gastronomia, por exemplo, o jornalista especializado pode falar sobre o roteiro culinário de alguma cidade e, em uma coluna sobre empregabilidade, pode oferecer dicas sobre carreira. Nesse caso, podemos afirmar que o conhecimento especializado permeia o noticiário geral.

Não podemos deixar de mencionar o jornalismo esportivo, uma tradição no rádio. Em boa parte das emissoras há, pelo menos, um programa diário dedicado ao esporte.

Com relação à segmentação geográfica, é importante citar as rádios comunitárias, que recebem esse nome por pertencerem a determinada comunidade. A legislação que as regula prevê que, para receber esse título, essas emissoras não podem pertencer a qualquer organização ou governo.

> Rádios Comunitárias são rádios que tratam de assuntos comunitários e que servem a comunidade. A definição duma rádio comunitária sugerida pela Associação Mundial das Rádios Comunitárias (AMARC) é que ela é uma rádio DA comunidade

(os membros da comunidade são donos e decidem o conteúdo), feita PELA comunidade (têm produtores dos programas que tratam os assuntos comunitários), voltada PARA a comunidade (os ouvintes). (Taimo, 2004, p. 9)

Para saber mais
....
Caso queira entender melhor o trabalho das rádios comunitárias ou conhecer os processos para pleitear a concessão de uma emissora, acesse a página da Associação Mundial de Rádios Comunitárias:

AMARC BRASIL. Disponível em: <http://amarcbrasil.org/>. Acesso em: 30 ago. 2017.
....

4.5
Web: **segmentação e personalização**

Se a revista foi, por muito tempo, a maior representante da segmentação jornalística, atualmente a internet vem assumindo esse posto. Com ferramentas facilitadas para a criação de *sites*, *blogs* e páginas em redes sociais, a *web* tornou-se um espaço para a produção dos mais variados temas de especialização jornalística.

Nem todas as pessoas que publicam textos na internet são jornalistas, mas muitas são e se utilizam desse meio para a propagação de notícias, tanto como profissionais independentes quanto como contratados de uma empresa ou um veículo de comunicação. O conteúdo produzido para o meio *on-line* difere daquele destinado a outras mídias em virtude de seus recursos, como a possibilidade de lincar partes do texto a outros *sites*, com o uso de hipertextos, e de utilizar hipermídias, ou seja, incluir na matéria fotos, vídeos, áudios, GIFs e enquetes e permitir diferentes formas de acesso à informação.

Esses conteúdos também podem ser oferecidos aos veículos de comunicação – *on-line* ou *off-line* – por agências de notícias, como a Reuters, que tem sede na Grã-Bretanha e é considerada a maior agência internacional do mundo.

Figura 4.2 – Página inicial do *site* da Agência Reuters

Fonte: Reuters (2017).

Um dos predicados da internet com relação à especialização e à segmentação do conteúdo advém da popularidade absoluta dos mecanismos de busca. O mais conhecido deles é o Google – em vez de consultarem vários *sites*, é comum os usuários da *web* acessarem o referido buscador para pesquisar um tema específico. Por exemplo, para ler notícias sobre colesterol alto em mulheres, basta digitar os termos no Google, e ali aparecerão diversas páginas com informações sobre esse tema. Há, inclusive, um filtro específico para que sejam exibidas apenas notícias, descartando-se outros *sites* ou conteúdos.

Isso demonstra que na *web* a segmentação ganha faces de **personalização**, uma vez que, por meio de suas pesquisas, o usuário pode separar os assuntos de seu interesse. Scalzo (2011, p. 49) afirma que se buscava essa personalização por meio das revistas, mas essa questão foi resolvida graças à internet, "permitindo ao consumidor selecionar o que quer ler dentro do universo ilimitado de informações da rede mundial de computadores".

Além disso, os desenvolvedores de *sites* buscam maneiras de personalizar o conteúdo independentemente da escolha direta do usuário. Há bancos de dados, por exemplo, que registram as formas de seleção mais comuns de determinada pessoa, de modo que, quando ela acessa um portal, já aparecem na tela inicial seus temas de interesse. Assim, quando um usuário costuma acessar matérias sobre certo time de futebol, sempre que visita um *site*, as notícias sobre esse clube ficam em destaque para ele.

Também denominada individualização, a personalização ou customização consiste na opção oferecida ao usuário para configurar os produtos jornalísticos de acordo com os seus interesses individuais. Há sites noticiosos que permitem a criação de um espaço particular do leitor (como o *My Times*, por exemplo), onde ele pode fazer a pré-seleção dos assuntos, bem como a sua hierarquização e escolha de formato de apresentação visual (diagramação), etc. (Palacios; Ribas, 2007, p. 54)

No entanto, segundo Sica e Trasel (2017), *customização* é diferente de *personalização*. Em resumo, a personalização ocorre quando a organização é feita com base em bancos de dados do comportamento do usuário, e a customização, quando o usuário seleciona o conteúdo que deseja acessar. Um exemplo de personalização é o portal *Terra*, conforme anunciado em sua própria página:

Desde 2014, o Terra tem uma inovadora proposta em oferta de conteúdo e publicidade, baseada nos conceitos de segmentação e personalização. Através de conceitos como *Big Data*[1], customização e *viewability*[2], o Terra permite entregar uma experiência única para cada usuário, organizando o site de acordo com os temas de seu interesse. (Terra..., 2017)

1   Análise de dados.
2   Métricas da internet que mensuram a visualização de um conteúdo.

Para saber mais

Também conhecida como *Google para jornalistas*, a plataforma News Lab foi criada em 2015. Um de seus objetivos é auxiliar o profissional em pesquisas *on-line*, especialmente com relação ao chamado *jornalismo de dados* – prática jornalística em que a investigação, a captação e a interpretação de informações provenientes de números e estatísticas guiam a narrativa dos fatos. Além disso, a plataforma oferece mecanismos que visam contribuir para a distribuição de materiais produzidos por jornalistas.

NEWS LAB. Disponível em: <https://newslab.withgoogle.com/>. Acesso em: 30 ago. 2017.

4.6
Empreendedorismo na especialização jornalística

Uma das possíveis carreiras no mundo do jornalismo é a de empreendedor. Dono da própria empresa ou prestador de serviço como autônomo, nessa prática o jornalista não tem vínculo empregatício com a organização para a qual produz determinado material.

> Tenho experiência nessa área. Logo que me formei em jornalismo, em 2003, abri minha empresa de prestação de serviços jornalísticos. No início, oferecíamos assessoria de imprensa, produção de materiais informativos e roteirização para vídeos institucionais. Com o passar dos anos, fomos ampliando os serviços para nos adaptarmos à era digital, que veio com força a partir de 2010, e começamos a produzir conteúdo para *sites* e redes sociais.

De acordo com o levantamento feito pela UFSC em parceria com a Fenaj (Bergamo; Mick; Lima, 2013), 40% dos jornalistas atuam em assessorias de comunicação e um em cada quatro são *freelancers*, contratados como pessoas jurídicas ou como prestadores de serviços. O *frila*, como é chamado no jargão profissional, emprega a si mesmo e trabalha em veículos de comunicação sem vínculo empregatício ou para clientes que prospecta, atuando no departamento de comunicação, dentro ou fora da empresa.

Com o crescimento da segmentação e da especialização, ampliou-se ainda mais o campo para o jornalista empreendedor. Cada revista setorial ou sindical, bem como cada *newsletter* de empresa, de associação de setor ou de organização do terceiro setor, demanda alguém para produzir esse conteúdo.

Para quem entende que há vida fora da redação, as possibilidades de trabalho são inúmeras. No entanto, para ser empreendedor, o jornalista precisa ter – ou desenvolver – algumas habilidades:

- **Capacidade de realização e automotivação**: *Empreender* significa "decidir realizar (tarefa difícil e trabalhosa); tentar", "pôr em execução; realizar" (HOUAISS; VILLAR, 2017). Sendo assim, essa decisão/ação exige do profissional uma determinação especial. Embora existam cobranças por parte dos clientes, o *freelancer* não tem um chefe para supervisionar seu trabalho ou cobrar produtividade; portanto, é preciso se automotivar e decidir ter sucesso no empreendimento.
- **Prospectar clientes**: Para empreender, é preciso ter clientes, o que exige o estabelecimento de um trabalho comercial. Nesse caso, é necessário vender uma proposta de trabalho, apresentar vantagens e resultados e definir preços. Para isso, é preciso realizar *networking* e estabelecer contato com tomadores de decisão de empresas. É preciso negociar, fazer marketing pessoal e defender os benefícios que a empresa terá ao contratá-lo.
- **Criar rotinas de execução**: É preciso executar as tarefas combinadas com o cliente. Em muitos casos, o *freelancer* trabalha em sua própria casa. O que é vantajoso para algumas pessoas pode representar um problema para aquelas que não organizam sua rotina e seu tempo. Uma alternativa para quem tem dificuldade nisso, são os espaços compartilhados de trabalho, chamados de *coworking*. Outra possibilidade é comprar ou alugar uma sala comercial.

Oportunidades na segmentação dos veículos

- **Explorar as potencialidades da segmentação**: Como explicitamos no Capítulo 2 deste livro, há grande variedade de especialidades jornalísticas, a qual aumenta a cada dia. Muitas empresas precisam dos serviços de um jornalista. Portanto, o negócio é não ter medo: se necessário, o profissional pode ir até empresas ou veículos de comunicação a fim de mostrar seu diferencial.
- **Competências emocionais**: Além de ter conhecimento técnico da área, habilidades comerciais para a captação de clientes e noções de administração de empresa, o jornalista necessita desenvolver suas competências emocionais (persistência, resiliência, determinação etc.). É importante preparar-se por meio de um plano de negócios, no qual deve constar até onde está disposto a ir financeira e emocionalmente para tornar-se um empreendedor.

Para saber mais

Para saber mais sobre o empreendedorismo no jornalismo, sugerimos as leituras a seguir:

No livro *Manual do frila: o jornalista fora da redação*, Maurício Oliveira desmistifica a ideia de que o trabalho autônomo é uma opção apenas para quem não consegue trabalho fixo, tratando-o como alternativa para todos os profissionais que querem maior flexibilidade na organização do tempo. No entanto, alerta que é preciso organização e rotina tanto para captar clientes quanto para produzir o material encomendado.

OLIVEIRA, M. **Manual do frila**: o jornalista fora da redação. São Paulo: Contexto, 2012.

Na obra *Jornalismo freelance: empreendedorismo na comunicação*, João Marcos Rainho explica que essa atividade, caracterizada pela falta de vínculo empregatício, é orientada por projetos. É possível ser um profissional liberal ou quiçá um empresário, agregando mais parceiros e até mesmo empregados no atendimento a clientes, que podem ser veículos de comunicação ou empresas dos mais diferentes setores. Há ainda um capítulo sobre questões legais e formalização de contratos.

RAINHO, J. M. **Jornalismo freelance**: empreendedorismo na comunicação. São Paulo: Summus, 2008.

Para ficar por dentro das oportunidades para jornalistas e das ferramentas de trabalho, uma dica é a plataforma Rede de Jornalistas Internacionais (IJNet, em inglês), do Centro Internacional para Jornalistas (ICFJ, em inglês), em Washington, Estados Unidos. Entre diversos assuntos, a IJNet publica conteúdos diários voltados a jornalistas empreendedores.

IJNET – Rede de Jornalistas Internacionais. Disponível em: <https://ijnet.org/pt-br>. Acesso em: 30 ago. 2017.

Figura 4.3 – *Site* da IJNet

Para quem deseja começar a produzir conteúdo como *freelancer*, um caminho é a parceria com plataformas como a Rock Content. O *site* <https://rockcontent.com> vende conteúdos para centenas de empresas, os quais são criados por colaboradores autônomos, que são remunerados por produtividade, ou seja, pela quantidade de textos que produzem de acordo com o padrão estabelecido. Os textos não são redigidos apenas por jornalistas; qualquer profissional especializado em alguma área pode se candidatar para escrever sobre o segmento em que atua.

Para qualquer empreendedor, é fundamental conhecer as práticas de financiamento coletivo, denominadas *crowdfunding*. A forma mais comum de captação de recursos por meio dessa modalidade são campanhas *on-line* que incentivam as pessoas a contribuírem para o projeto. Há dezenas de *sites* especializados em levantar essas doações.

Um projeto interessante é o *Cidade para pessoas*, de Natália Garcia. A jornalista, especializada em planejamento urbano, levantou recursos por meio de tal prática com vistas a percorrer diversas localidades e realizar reportagens sobre experiências para cidades mais humanas.

Figura 4.4 – Projeto *Cidade para pessoas*

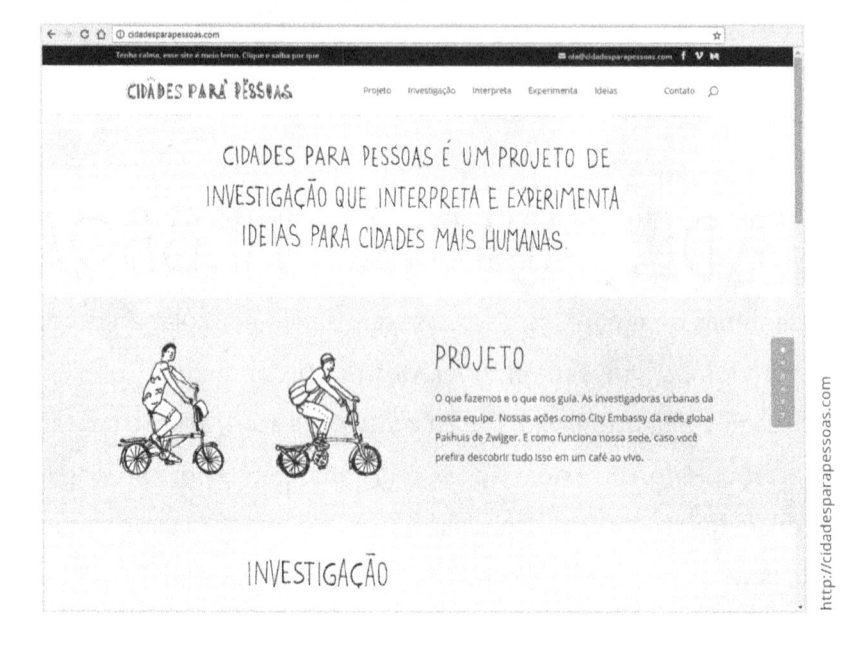

http://cidadesparapessoas.com

As reportagens, produzidas após visita a 12 municípios, foram publicadas no próprio *site* e também por agências de notícias.

Para saber mais

Você sabe como funcionam as questões legais para a contratação de jornalistas como prestadores de serviço e sem vínculo empregatício? O que pode e o que não pode?

A revista *Imprensa* publicou uma reportagem para esclarecer os benefícios do trabalho com carteira assinada e da prestação de serviço como pessoa jurídica. A repórter Camilla Demario (2014) faz considerações que podem orientar a decisão do profissional e discorre, especialmente, sobre questões legais da abertura de uma empresa.

DEMARIO, C. Especialistas esclarecem quais as vantagens de trabalhar com carteira registrada ou ser PJ. **Revista Imprensa**, 11 mar. 2014. Disponível em: <http://portalimprensa.com.br/revista_imprensa/conteudo-extra/64454/especialistas+esclarecem+quais+as+vantagens+de+trabalhar+com+carteira+registrada+ou+ser+pj>. Acesso em: 30 ago. 2017.

Síntese

Neste capítulo, discorremos sobre a atuação do jornalista nos cenários de especialização e segmentação. Um dos pontos relevantes é a pesquisa realizada por Jorge Pedro Sousa, que revela que os empregadores preferem contratar especialistas. Portanto, além de escrever bem, fazer entrevistas, investigar novos assuntos e reportá-los ao público, o jornalista precisa conhecer profundamente o tema que cobre.

Os temas das publicações estão cada vez mais restritos a determinados públicos. A segmentação sempre marcou presença nas revistas, tendência que vem se acentuando também na TV, especialmente nos canais fechados. No rádio, embora prevaleçam os noticiários gerais, há diversos programas e colunas especializados.

Contudo, atualmente, o meio mais propício à segmentação é a internet. O jornalista pode atuar como produtor de conteúdo ou como empreendedor, tendo seu próprio meio de comunicação. Os *blogs*, por exemplo, estão em alta, uma vez que os mecanismos de busca priorizam *sites* com conteúdo próprio e atualizado.

Questões para revisão

1. Elabore um comentário sobre oportunidades profissionais ligadas à especialização e à segmentação dos veículos. Em sua opinião, o crescimento dessas áreas é benéfico para a profissão? Como um jornalista pode se preparar para esse cenário?

2. Uma das possibilidades de atuação do jornalista é como empreendedor em serviços especializados. Cite algumas características do perfil profissional de quem deseja ser um empresário ou um prestador de serviço sem vínculo empregatício.

3. Com relação à segmentação e à especialização jornalística nos meios de comunicação, analise as afirmações a seguir:
    I) No rádio, os noticiários costumam abordar assuntos em geral, mas é marcante a segmentação por renda. Em boa parte das emissoras AM, o foco são as classes menos abastadas e, portanto, os noticiários se concentram em assuntos ligados às comunidades locais.
    II) Se a revista foi, por muito tempo, a maior representante da segmentação jornalística, atualmente a internet vem assumindo esse posto. Com ferramentas facilitadas para a criação de *sites*, *blogs* e páginas em redes sociais, a *web* tornou-se um espaço para a produção dos mais variados temas de especialização jornalística.

III) Apesar de a especialização estar presente na TV aberta, é nos canais por assinatura que a multiplicidade aparece de forma mais significativa. Há noticiários específicos sobre condições climáticas ou esporte, documentários, entre outros programas.

Assinale a alternativa correta:

a) Todas as sentenças são verdadeiras.
b) Todas as sentenças são falsas.
c) Apenas a sentença I é verdadeira.
d) Apenas a sentença II é falsa.
e) Apenas a sentença I é falsa.

4. "Ao longo da história das revistas, logo se aprende a inevitável necessidade de estabelecer um foco preciso para cada publicação. [...] Dentro dessas grandes correntes é possível existir o que já nos referimos como 'segmentação da segmentação'. Por exemplo, partindo do público de pais de crianças, é possível fazer revistas para pais, para mães, para mães de bebês, para mães de bebês gêmeos, para mães de bebês gêmeos que moram em São Paulo... É possível estender e afunilar a lista até chegarmos a grupos muito pequenos – e, se quisermos ir ao extremo, até chegar a cada indivíduo em particular" (Scalzo, 2011, p. 49).

Assinale a alternativa que melhor corresponde ao cenário descrito por Marília Scalzo:

a) As revistas técnico-setoriais, dirigidas a um setor da indústria, do comércio ou de serviços, como a siderurgia, abordam temas ligados ao marketing, à administração, entre outros, mas sempre com foco no setor ao qual se reporta.

b) Ao especializar-se em determinada área, o jornalista corre o risco de perder de vista as dúvidas do público – que possivelmente não conhece o assunto tão a fundo –, reproduzindo termos técnicos em excesso, por se sentir muito familiarizado com o assunto.

c) O jornalista que trabalha em uma revista segmentada precisa buscar o equilíbrio entre o conteúdo especializado e o desconhecimento de parte do público, que necessita que o repórter decifre certos termos.

d) A revista é um dos veículos que melhor exemplifica o processo de separação do público em nichos de interesse, conforme gênero, idade, classe social ou aspectos geográficos. No mercado brasileiro, há uma tendência para o aumento do número de publicações segmentadas.

e) Nas revistas recreativas, o foco é tão fechado em determinada atividade de lazer que apenas pessoas com um grau de interesse profundo em tal atividade as leem.

5. Com relação ao perfil do jornalista, analise as sentenças a seguir levando em consideração os cenários de especialização e segmentação:

I) O jornalista deve priorizar ser um generalista, pois os veículos de comunicação valorizam mais os conhecimentos gerais que os específicos, pelo acúmulo de funções em decorrência da crise econômica.

II) Embora o jornalista precise estar preparado para atuar em diferentes veículos de comunicação, ele deve, ao mesmo tempo, privilegiar uma formação especializada no campo do saber em que pretende exercer sua atividade.

III) No jornalismo especializado, o conhecimento aprofundado sobre determinado tema é imprescindível, visto que tal vertente pressupõe um nível diferenciado de profissional.

Assinale a alternativa correta:

a) Apenas a sentença I é verdadeira.
b) Apenas a sentença I é falsa.
c) Apenas a sentença III é verdadeira.
d) Apenas a sentença II é verdadeira.
e) Todas as sentenças são verdadeiras.

Para concluir...

Finalizamos esta obra destacando a importância dos jornalismos especializado e segmentado, vertentes em crescimento no Brasil e no mundo. Embora a especialização jornalística não seja algo recente, alguns fatores têm favorecido seu desenvolvimento. Um deles é a concorrência entre os meios, que procuram se diferenciar uns dos outros e, para isso, focam seus esforços em diferentes nichos e segmentos de audiência, levando em conta critérios como idade, gênero, renda, ideologia e aspectos geográficos.

É importante ressaltarmos que se, por um lado, novos assuntos ganham visibilidade, por outro, a superespecialização dos veículos e dos temas pode resultar na ausência de um debate coletivo e no tratamento deficiente de assuntos que interessam não apenas a indivíduos, mas à sociedade como um todo. Esse é um ponto a ser repensado na atual sociedade, tão individualizada.

Lembramos ainda que o "especialista em generalidades" tende a dar lugar ao detentor de conhecimentos aprofundados sobre determinada área. A variedade de especializações cresce a cada dia e, aqui, destacamos o jornalismo empresarial, que proporciona a muitos jornalistas a oportunidade de se tornarem empreendedores e construírem uma carreira de sucesso, independentemente da oferta de vagas de trabalho nos veículos de comunicação.

Na sociedade da informação, transbordam conteúdos em todas as áreas (política, econômica, ambiental, esportiva etc.), especialmente no meio digital, e é de suma importância o jornalista filtrar e checar esses dados, traduzindo o saber especializado para o público. Ao se especializar, o jornalista não pode perder de vista as dúvidas do público, que possivelmente não conhece o assunto tão a fundo, ou seja, termos técnicos e jargões devem ser usados com parcimônia.

Por fim, esperamos que essa obra contribua para as discussões sobre os jornalismos especializado e segmentado e seus desdobramentos para a produção jornalística. Mais que isso, desejamos que instigue profissionais, especialmente os mais novos, a buscarem temas de interesse, a se permitirem trabalhar com o que sonham, a investirem nesse objetivo e a ajudarem outras pessoas a acessar informações qualificadas. Aos veteranos, esperamos propiciar a oportunidade de repensarem seu rumo profissional.

Enquanto alguns lamentam, deixamos uma perspectiva otimista diante das informações levantadas neste livro. Na televisão, no rádio, nos meios impressos ou na internet, o jornalista especializado encontra vastas possibilidades de atuação, levando um conteúdo aprofundado e relevante a seu público.

Glossário

Caderno – Espaço nos jornais, com certa periodicidade, voltado a temas específicos. Em algumas empresas, o termo é usado como sinônimo de *editoria*.

Editor – Jornalista responsável por selecionar os assuntos que serão veiculados, revisar o material e supervisionar o trabalho do repórter. Em algumas empresas, pode haver editores especializados em determinados assuntos.

Editoria – Seção temática (geralmente fixa) de jornais e revistas que se propõe a organizar a redação e distribuir a publicação por assunto.

Ficha técnica – Relação dos profissionais envolvidos em uma produção televisiva, radiofônica ou cinematográfica. Geralmente é apresentada ao público ao final de cada edição.

Hard news – Também chamadas de *notícias duras* ou *factuais*, são as informações do dia, mais atuais, referentes a assuntos como segurança pública, política e economia.

Marketing – Subárea da administração de empresas que estuda o mercado de atuação de uma corporação, produtos, preços, pontos de venda e formas de promoção. Essa atividade é responsável por propor estratégias e táticas de relacionamento com o cliente direcionadas aos objetivos da empresa.

Matéria – Jargão jornalístico que define o material produzido no departamento de jornalismo. Esse temo é usado como sinônimo de reportagem.

Mídia kit – Material destinado a empresas que são potenciais anunciantes de dado veículo. Reúne informações sobre a audiência de determinado produto e os preços dos espaços publicitários.

Nicho – Sinônimo de *segmento*, trata-se da parte do mercado que se pretende atingir com determinado produto.

Pauta – Roteiro dos assuntos a serem cobertos por um profissional ou um veículo de comunicação. Em algumas empresas, também é um documento por meio do qual o repórter recebe instruções sobre a reportagem que deve produzir.

Soft news – Notícias leves, sobre assuntos mais brandos, nem sempre factuais, que se contrapõem às *hard news*.

Suplementos – Encartes de notícias temáticas publicados por jornais; geralmente são ligados a projetos especiais e produzidos por profissionais especializados.

Referências

AARP. Disponível em: <http://www.aarp.org/>. Acesso em: 30 ago. 2017.

ABEP – Associação Brasileira de Empresas de Pesquisa. **Critério Brasil.** 2015. Disponível em: <http://www.abep.org/criterio-brasil>. Acesso em: 28 ago. 2017.

ABIAHY, A. C. de A. **O jornalismo especializado na sociedade da informação.** 2000. Disponível em: <http://www.bocc.ubi.pt/pag/abiahy-ana-jornalismo-especializado.pdf>. Acesso em: 28 ago. 2017.

ABTA – Associação Brasileira de Televisão por Assinatura. **Dados do setor.** Disponível em: <http://www.abta.org.br/dados_do_setor.asp>. Acesso em: 30 ago. 2017.

AEROPORTO JORNAL. Disponível em: <http://aeroportojornal.com.br/>. Acesso em: 28 ago. 2017.

AGÊNCIA PÚBLICA. Disponível em: <http://apublica.org/>. Acesso em: 4 ago. 2017.

ANDERSON, C. W.; BELL, E.; SHIRKY, C. Jornalismo pós-industrial: adaptação aos novos tempos. **Revista de Jornalismo ESPM**, edição brasileira da Columbia Journalism Review, ano 2, n. 5, p. 30, abr./jun. 2013. Disponível em: <http://www.espm.br/download/2012_revista_jornalismo/Revista_de_Jornalismo_ESPM_5/files/assets/common/downloads/REVISTA_5.pdf>. Acesso em: 28 ago. 2017.

BALLERINI, F. **Jornalismo cultural no século 21.** São Paulo: Summus Editorial, 2015.

BAUMAN, Z. **A sociedade individualizada**: vidas contadas e histórias vividas. Rio de Janeiro: J. Zahar, 2008.

BELO, E. **Livro-reportagem.** São Paulo: Contexto, 2006.

BENETTI, M. A ironia como estratégia discursiva da revista Veja. **Líbero**, São Paulo, v. 10, n. 20, p. 37-46, dez. 2007. Disponível em: <http://seer.casperlibero.edu.br/index.php/libero/article/view/632/600>. Acesso em: 30 ago. 2017.

BERGAMO; MICK, J.; LIMA, S. (Org.). **Quem é o jornalista brasileiro?** Perfil da profissão no país. Florianópolis: Insular, 2013. Disponível em: <http://perfildojornalista.ufsc.br/files/2013/04/Perfil-do-jornalista-brasileiro-Sintese.pdf>. Acesso em: 30 ago. 2017.

BRASIL DE FATO. Disponível em: <https://www.brasildefato.com.br/quem-somos>. Acesso em: 28 ago. 2017.

BRITTOS, V. C. A televisão no Brasil hoje: a multiplicidade da oferta. In: CONGRESSO BRASILEIRO DE CIÊNCIAS DA COMUNICAÇÃO, 21., 1998, Recife.

BRUM, A. de M. **Endomarketing de A a Z**: como alinhar o pensamento das pessoas à estratégia da empresa. São Paulo: Integrare, 2010.

BUENO, W. da C. **Comunicação empresarial**: alinhando teoria e prática. Barueri: Manole, 2014.

_____. Jornalismo ambiental: explorando além do conceito. **Desenvolvimento e Meio Ambiente**, Curitiba, n. 15, p. 33-44, jan./jun. 2007. Disponível em: <http://revistas.ufpr.br/made/article/view/11897/8391>. Acesso em: 29 ago. 2017.

CARVALHO, G. Jornalismo alternativo na era digital: análise de reportagens da Agência Pública. **Revista Alterjor**, São Paulo, v. 10, n. 2, jul./dez. 2014. Disponível em: <http://www.revistas.usp.br/alterjor/article/view/88327>. Acesso em: 28 ago. 2017.

CIPRIANI, J. TJMG envia projeto que muda carreira e organização judiciária à Assembleia. **Estado de Minas**, 23 ago. 2017. Disponível em: <http://www.em.com.br/app/noticia/politica/2017/08/23/interna_politica,894363/tjmg-envia-projeto-que-muda-carreira-e-organizacao-judiciaria-a-almg.shtml>. Acesso em: 24 ago. 2017.

COELHO, P. V. **Jornalismo esportivo**. 4. ed. rev. e atual. São Paulo: Contexto, 2013.

COHEN, O. Aprenda a jogar filosofighters. **Superinteressante**, 17 jun. 2011. Disponível em: <http://super.abril.com.br/blog/superblog/aprenda-a-jogar-filosofighters/>. Acesso em: 30 ago. 2017.

EM NOVO livro, Hillary fala de sua "repulsa visceral" por Trump. **Estadão**, 23 ago. 2017. Disponível em: <http://internacional.estadao.com.br/noticias/geral,em-novo-livro-hillary-fala-de-sua-repulsa-visceral-por-trump,70001947443>. Acesso em: 24 ago. 2017.

EM OBRAS, Mateus Leme tem desvio de ônibus no Centro Cívico. **Bem Paraná**, 23 ago. 2017. Disponível em: <http://www.bemparana.com.br/noticia/521855/em-obras-mateus-leme-tem-desvio-de-onibus-no-centro-civico>. Acesso em: 24 ago. 2017.

ESPORT vai ser modalidade com medalha nos Jogos Asiáticos de 2022. UOL, São Paulo, 19 abr. 2017. Disponível em: <https://jogos.uol.com.br/ultimas-noticias/2017/04/19/esport-vai-ser-modalidade-com-medalha-nos-jogos-asiaticos-de-2022.htm>. Acesso em: 29 ago. 2017.

EXAME. Disponível em: <http://exame.abril.com.br/sobre>. Acesso em: 28 ago. 2017.

FERNANDES, A. L. de O. **Publicidade, tecnologia e sociedade do consumo**: uma análise de peças publicitárias na Revista Veja. Dissertação (Mestrado em Tecnologia) – Universidade Tecnológica Federal do Paraná, Curitiba, 2012. Disponível em: <http://repositorio.utfpr.edu.br/jspui/bitstream/1/356/1/CT_PPGTE_M_Fernandes,%20Alessandra%20Lemos%20de%20Oliveira_2012.pdf>. Acesso em: 28 ago. 2017.

FORÇAS Armadas vão patrulhar as ruas do Rio. **O Dia**, 21 jul. 2017. Disponível em: <http://odia.ig.com.br/rio-de-janeiro/2017-07-21/forcas-armadas-vao-patrulhar-as-ruas-do-rio.html>. Acesso em: 24 ago. 2017.

GAME INFORMER. Disponível em: <http://www.gameinformer.com/p/advertising.aspx>. Acesso em: 29 ago. 2017.

GUIA DE MÍDIA. **Revistas brasileiras**. Disponível em: <http://www.guiademidia.com.br/revistasonline.htm>. Acesso em: 30 ago. 2017.

HOUAISS, A.; VILLAR, M. de S. **Dicionário eletrônico Houaiss da língua portuguesa**. Versão 3.0. Rio de Janeiro: Instituto Antônio Houaiss; Objetiva, 2009. 1 CD-ROM.

HUFFPOST BRASIL. Disponível em: <http://www.huffpostbrasil.com/news/brasil-post/>. Acesso em: 28 ago. 2017.

JORNAL DO ÔNIBUS DE CURITIBA. Disponível em: <http://www.jornaldoonibusdecuritiba.com.br/>. Acesso em: 29 ago. 2017.

KOTLER, P. **Marketing de A a Z**: 80 conceitos que todo profissional precisa saber. Rio de Janeiro: Elsevier, 2003.

KUCINSKI, B. **Jornalismo econômico**. São Paulo: Edusp, 2007.

MARCONDES FILHO, C. M. **Comunicação e jornalismo**: a saga dos cães perdidos. São Paulo: Hacker, 2000.

MARTINS, F. **Jornalismo político**. São Paulo: Contexto, 2009.

MÍDIA KIT CartaCapital. **Editora Confiança**. Disponível em: https://www.editoraconfianca.com.br/formatos_html/assets/midia-kit-cartacapital---2016.pdf. Acesso em: 4 ago. 2017.

MÍDIA NINJA. Disponível em: <midianinja.org/financie/>. Acesso em: 21 ago. 2017.

O ANTAGONISTA. Disponível em: <http://www.oantagonista.com/>. Acesso em: 28 ago. 2017.

PALACIOS, M.; RIBAS, B. **Manual de laboratório de jornalismo na internet**. Salvador: EDUFBA, 2007. Disponível em: <https://repositorio.ufba.br/ri/bitstream/ufba/142/4/Manual%20de%20Jornalismo.pdf>. Acesso em: 30 ago. 2017.

PENA, F. **Jornalismo literário**. São Paulo: Contexto, 2006.

PIZA, D. **Jornalismo cultural**. 2. ed. São Paulo: Contexto, 2004.

REUTERS BRASIL. Disponível em: <http://br.reuters.com/>. Acesso em: 28 ago. 2017.

REUTERS. **Governo vai liberar R$15,9 bi para saque do Pis/Pasep**. 23 ago. 2017. Disponível em: <http://br.reuters.com/article/topNews/idBRKCN1B31WP-OBRTP>. Acesso em: 24 ago. 2017.

ROVIDA, M. F. **A segmentação no jornalismo sob a ótica durkheimiana da divisão do trabalho social**. Dissertação (Mestrado em Comunicação) – Faculdade Cásper Líbero, São Paulo, 2010. Disponível em: <http://casperlibero.edu.br/wp-content/uploads/2014/02/08-A-segmenta%C3%A7%C3%A3o-no-jornalismo-sob-a-%C3%B3tica-durkheimiana-da-divis%C3%A3o-do-trabalho-social.pdf>. Acesso em: 28 ago. 2017.

SCALZO, M. **Jornalismo de revista**. São Paulo: Contexto, 2011.

SCHMITT, V.; OLIVEIRA, L. G. D. Personalização de notícias: uma edição de jornal para cada leitor. Revista Eptic, v. XI, n. 1, enero/abr. 2009. Disponível em: <https://seer.ufs.br/index.php/eptic/article/view/158/133>. Acesso em: 30 ago 2017.

SCHUCH, H. A. **Jornalismo e mercado**: análise da competição entre veículos jornalísticos.

SOUSA, J. P. **O desejado para um perfil do candidato a jornalista pretendido pelos órgãos de comunicação social**. 1998. Disponível em: <http://bocc.ubi.pt/pag/sousa-jorge-pedro-odesejado.html>. Acesso em: 20 abr. 2017.

SOUZA, J. C. A. de. **Gêneros e formatos na televisão brasileira**. São Paulo: Summus, 2004.

TAIMO, N. S. **Manual de pesquisa para rádios comunitárias**. Unesco/Pnud, out. 2004. Disponível em: <http://www.mediamoz.com/CR/crmanuals/ManPesq%20.pdf>. Acesso em: 30 ago. 2017.

TAVARES, F. de M. B. O jornalismo especializado e a especialização periodística. **Estudos em Comunicação**, n. 5, p. 115-133, maio 2009. Disponível em: <http://www.ec.ubi.pt/ec/05/pdf/06-tavares-acontecimento.pdf>. Acesso em: 25 ago. 2017.

TECMUNDO. **Games**. Disponível em: <http://games.tecmundo.com.br/especiais/especial-esport-diversao-gloria_824044.htm>. Acesso em: 4 ago. 2017.

TERRA desenvolve "modo noturno" na plataforma de conteúdo. **Terra**, 16 jan. 2017. Tecnologia. Disponível em: <https://www.terra.com.br/noticias/tecnologia/terra-desenvolve-modo-noturno-na-plataforma-de conteudo,1723467e4c9237832e8b1b61c30983d5xasf5hwx.html> Acesso em: 30 ago. 2017.

TRAQUINA, N. **Teorias do Jornalismo**. Por que as notícias são como são. Florianópolis: Insular, 2004.

WIKILEAKS. **What is WikiLeaks**. 3 nov. 2015. Disponível em: <https://wikileaks.org/What-is-Wikileaks.html>. Acesso em: 30 ago. 2017.

Respostas

Capítulo 1

Questões para revisão

1. Os quatro atributos fundamentais do jornalismo especializado são:
    foco: pautas direcionadas a determinado tema ou a um público específico;
    aprofundamento: abordagens além do senso comum, contrárias à superficialidade do noticiário em geral;
    linguagem diferenciada: uso maior de termos técnicos e científicos e de jargões, sem a necessidade de explicações detalhadas, uma vez que se trata de um discurso comum àquela área do conhecimento;
    profissionais especializados: produções realizadas geralmente por jornalistas com formação complementar ou com maior domínio do tema.
2. A especialização e a segmentação surgem como alternativas de sobrevivência e superação de um cenário desfavorável para grande parte dos meios de comunicação. A disputa por anunciantes e a necessidade de atrair e manter a audiência levam a uma concorrência entre os meios, que buscam se diferenciar uns dos outros.
3. d
4. e
5. d

Capítulo 2

Questões para revisão

1. A segmentação geográfica leva em conta a localização do público e seu possível interesse por assuntos ligados à região. Também pode se referir ao foco da cobertura, como a editoria internacional, voltada a assuntos referentes a outros países. A segmentação por renda refere-se a temáticas direcionadas a determinadas classes sociais, pressupondo comportamentos e interesses. A segmentação por ocupação diz respeito ao tipo de trabalho exercido pelo público – se é empregador ou empregado – ou ao ramo de atividade em que atua. A segmentação por gênero abrange temáticas voltadas às mulheres ou aos homens, havendo também publicações direcionadas ao público LGBT. A segmentação ideológica refere-se à divisão do público-alvo com base em sua visão de mundo – por exemplo, sua orientação político-partidária.
2. A produção de material focado em pessoas de determinada classe econômica ou que exercem certa profissão também é uma maneira de segmentar o público nos meios de comunicação. Por meio de informações sobre os bens ou as ocupações do público, é possível conhecer seu estilo de vida e, assim, elaborar pautas que lhe interessem. A empresa jornalística procura veicular anúncios que tenham relação com esses hábitos, garantindo aos anunciantes o retorno esperado. Um exemplo disso são as revistas femininas. "Enquanto algumas revistas exploram em suas páginas matérias sobre moda que denotam o alto padrão de vida das leitoras, outras se preocupam em abordar problemas domésticos. Ou seja, enquanto uma mulher dispõe de tempo e dinheiro para usufruir os lançamentos da passarela, outra precisa de dicas para equilibrar o orçamento com economias na cozinha, por exemplo" Abiahy (2000, p. 18).
3. c
4. e
5. d

Capítulo 3

Questões para revisão

1. Resposta pessoal.
2. A escolha do texto não depende apenas da temática, mas também do público. O jornalismo econômico pode ser mais didático, buscando fugir do "economês", se voltado a um público mais leigo, ou mais aprofundado e com maior número de termos técnicos, quando direcionado a investidores ou a pessoas ligadas à área econômica. O mesmo vale para especializações como política e cultura, cujas pautas e cujos textos dependem do público a que se destinam. Sobre a relação com as fontes, por se tratar de uma cobertura temática, é comum um estreitamento, que deve ser profissional, e não pessoal. Ainda que o acesso à fonte seja recorrente, o jornalista deve manter certo distanciamento dela e, constantemente, buscar novos entrevistados, que ofereçam pontos de vista plurais.
3. c
4. d
5. e

Capítulo 4

Questões para revisão

1. Resposta pessoal.
2. Uma das possíveis atuações do jornalista é como empreendedor. Dono da própria empresa ou prestador de serviço como autônomo, nessa prática não há vínculo empregatício com a organização para a qual o material é produzido. Sendo assim, é essencial manter uma rotina de trabalho organizada e ter perfil de prospecção, uma vez que é preciso levantar clientes para seu negócio. Conhecimentos sobre gestão também são necessários, os quais podem ajudar no crescimento da empresa ou na atuação do profissional como *freelancer*.
3. a
4. d
5. b

Sobre a autora

Alessandra Lemos Fernandes é graduada em Jornalismo pela Universidade Positivo (UP), especialista em Comunicação Empresarial e Institucional pela Universidade Tecnológica Federal do Paraná (UTFPR) e mestra em Tecnologia por esta mesma instituição. Atua como professora em cursos de graduação e pós-graduação nas áreas de Jornalismo, Marketing, Publicidade e Propaganda e Radiodifusão e ministra cursos corporativos de comunicação e mídias sociais. É sócia-fundadora da Ser Mídia – Soluções em Comunicação, com centenas de *cases* em projetos de assessoria de imprensa e na produção de conteúdo especializado para empresas de diferentes segmentos, como RH, comércio varejista, medicina e espiritualidade.

Impressão: Reproset